VINDOBONA

VERLAG · SEIT 1946

.

Reinhard
Diesenreither

Chronische Depression
und Angststörungen

Krankheit Symptomatik Ursachen Behandlung Heilung Vorbeugung

VINDOBONA
VERLAG SEIT 1946

Bibliografische Information
der Deutschen Nationalbibliothek:

Die Deutsche Nationalbibliothek
verzeichnet diese Publikation in
der Deutschen Nationalbibliografie.
Detaillierte bibliografische Daten
sind im Internet über
http://www.d-nb.de abrufbar.

© 2024 Vindobona Verlag
3. überarbeitete und erweiterte Auflage

ISBN 978-3-903574-39-7
Lektorat: BA
Umschlagfoto:
Volodina | Dreamstime.com
Umschlaggestaltung, Layout & Satz:
Vindobona Verlag

Gedruckt in der Europäischen Union
auf umweltfreundlichem, chlor- und
säurefrei gebleichtem Papier.

Vorwort zur 3. Auflage

Die ersten beiden Auflagen des Buches sind von der Leserschaft sehr freundlich aufgenommen worden. Ich habe mich daher entschieden, es in dritter Auflage herauszugeben. Diese ist umfassend überarbeitet, erweitert und um einige Kapitel bereinigt worden. Dazu wurde das Thema „Angststörungen" neu aufgenommen, was auch zu einer entsprechenden Änderung des Titels geführt hat. Ich hoffe, dass sie auch so viel Anklang findet wie ihre Vorgängerinnen.

Ich habe im Text diesmal durchgehend die weibliche Form gewählt. Die Männer mögen sich da nicht ausgeschlossen fühlen, sie sind mir als Leser natürlich genauso willkommen wie die Frauen. Speziell das vermeintlich „starke" Geschlecht tut sich ja immens schwer, sich eine psychische Erkrankung einzugestehen. Aber nach vielen Jahrhunderten männerdominierter Literatur sind jetzt einmal die Frauen dran.

Reinhard Diesenreither
Jänner 2024

Biografie des Autors

Ich bin im Jahr 1964 als Reinhard Diesenreither in Linz geboren. Meine Eltern sind gebürtig aus dem oberösterreichischen Mühlviertel. Aufgewachsen bin ich in einer großen Familie in Wilhering, habe hier die Volksschule und das Gymnasium besucht. Im Anschluss habe ich ein Studium der Sozial- und Wirtschaftswissenschaften in der Studienrichtung Betriebswirtschaftslehre in Linz absolviert.

Bereits ab einem Alter von etwa dreizehn Jahren hatte ich erste Burnout-Beschwerden, wohl in erster Linie vom Extremehrgeiz in der Schule. Weder ich noch sonst jemand in meinem Umfeld hat sie damals in den 1970er Jahren als Symptome einer beginnenden psychischen Erkrankung erkannt. Sie wurden dann in den folgenden achtzehn Jahren auf Grund eines sehr intensiv geführten Lebens kontinuierlich und fast unmerkbar immer schlimmer, mit Anfang dreißig ging dann gar nichts mehr.

In der Folgezeit habe ich nur mehr dafür gelebt, die mittlerweile massiv chronische und vermeintlich therapieresistente Erkrankung auszuheilen. Ich habe viel probiert und herumgetüftelt, einschlägige Literatur gelesen, viele verschiedene Medikamente versucht, Ärztinnen und Psychotherapeutinnen konsultiert, hatte auch einige Krankenhausaufenthalte, habe fünf Jahre in verschiedenen Einrichtungen bei Pro Mente gearbeitet und ich hatte letztendlich Erfolg.

Heute gebe ich meine Erfahrungen in Buchform weiter und bin zuversichtlich, meinen Leserinnen und Lesern so erfolgreich helfen zu können, wie ich mir selbst geholfen habe.

Inhaltsverzeichnis

Einleitung

Der Krankheit „Depression" haftet seit jeher etwas Geheimnisvolles, Mystisches, Seelisches, ja sogar Furchteinflößendes an. Die meisten Menschen haben eine angeborene Scheu vor ihr, ganz besonders diejenigen, die noch nie spürbar und erkennbar in irgendeiner Weise psychisch beeinträchtigt gewesen sind. Eine Depression kreiert auch einzigartige Symptome, wie anhaltend negatives Denken, Minderwertigkeitsgefühle, psychosomatische Schmerzen, Suizidgedanken, wie man sie von anderen Krankheiten und Leiden her nicht kennt. Außerdem ist das von ihr betroffene Organ Gehirn noch weitgehend unbekanntes Terrain und viele seiner Beeinträchtigungen liegen nach wie vor überwiegend im Dunkeln.

Der Krankheit dieses schwer Fassbare und Angstmachende zu nehmen und es immer mehr Menschen leichter zu machen, unbefangen über sie zu reden bzw. sie als Betroffene zu akzeptieren und sich möglichst früh in Behandlung zu begeben, ist eines meiner ganz großen Anliegen. So steht die „Depression" auch in der dritten Auflage wieder ganz im Zentrum.

Dazu wird diesmal umfassend auf Krankheitsbilder eingegangen, welche oft mit ihr einhergehen, nämlich die „Angststörungen". Darüber hinaus werden ergänzend auch noch weitere psychische Störungen angesprochen, nämlich die „Schizophrenie", die „Zwangsstörungen" und die „Persönlichkeitsstörungen", die ebenfalls einen engen Konnex zur Depression aufweisen.

Das Buch ist in sieben Abschnitte gegliedert: Im ersten werden die Krankheit „Depression", ihre Erscheinungsformen, Charakteristika, organischen Grundlagen und wichtige Symptome dargestellt. Im zweiten Abschnitt werden dann die Angststörungen in ähnlicher Weise abgehandelt. Der dritte Abschnitt stellt überblicksartig die weiteren psychischen Störungen vor.

Der vierte Abschnitt geht auf die Ursachen und begünstigenden Faktoren all dieser Leiden ein. Behandlung und Heilung finden sich im fünften Abschnitt, hier sind vor allem der *Kern* der Arbeit die Heilungsmechanismen für die chronische Depression, die auch für die anderen stressbedingten psychischen Störungen hochrelevant sind. Dazu werden die wichtigsten Medikamentenarten ausführlich angesprochen und andere Therapieformen erläutert. Im sechsten Abschnitt werden der Leserin * dem Leser Maßnahmen zur Vorbeugung sowie eine umfassend gesundheitsfördernde Lebensführung nahegebracht. Der letzte Teil bringt abschließende Gedanken zu „Leben mit der Erkrankung bis zu ihrer erfolgreichen Ausheilung", „Gewinnerinnen und Verliererinnen" und „Psychische Krankheiten als Chance". Im Anhang wird dann noch auf verschiedene Spezialthemen eingegangen.

Das Buch wendet sich in erster Linie an Betroffene und ihre Angehörigen, aber auch an Auszubildende der Medizin und Psychologie, dazu an Ärztinnen, Therapeutinnen, Pflegende, Lebensberaterinnen, Sozialarbeiterinnen, die dadurch die Welt, das Denken und Empfinden der Kranken besser verstehen können sollten und natürlich auch Anregungen für ihre berufliche Tätigkeit erhalten sollen.

ABSCHNITT 1: **DIE DEPRESSION**

Was ist eine Depression?

In den 1960er Jahren wurde von Medizinern die Beobachtung gemacht, dass ein Mangel an einem bestimmten Botenstoff zur Reizleitung in einer bestimmten Gehirnregion, nämlich Noradrenalin, verursacht durch ein Blutdruckmittel, zu schweren depressiven Zuständen führte. Wenig später stellte man fest, dass bei einer Unterversorgung mit einem anderen Botenstoff, nämlich Serotonin, in Folge einer bestimmten Diät ebenfalls depressive Verstimmungen auftraten. Man machte darüber hinaus die Erfahrung, dass Medikamente, welche die Verfügbarkeit dieser Transmitter im Gehirn erhöhten (Antidepressiva), befindlichkeitssteigernd wirkten. Zudem konnte in den Gehirnen von Menschen, die durch Suizid zu Tode gekommen waren, ein Serotoninmangel nachgewiesen werden. Alle diese Erkenntnisse führten im Jahr 1967 zur Aufstellung der sogenannten „Monoamin-Hypothese" der Depression („Monoamine" ist eine Bezeichnung für eine bestimmte Botenstoffgattung, zu der insbesondere auch Serotonin und Noradrenalin, aber auch das bekannte Dopamin gehören). Sie geht von einem Ungleichgewicht an diesen Transmittern im psychisch kranken Gehirn aus und wird bis heute noch weitgehend als Grundlage für die Erklärung einer Depressionserkrankung herangezogen.

Mittlerweile nimmt jedoch die Kritik an ihr in Wissenschaftskreisen immer mehr zu. Neue Forschungsergebnisse und Erkenntnisse aus der Praxis zeigen, dass auch Störungen anderer Transmitter bzw. die Beeinträchtigung bestimmter Funktionen, Abläufe, Vorgänge, Bereiche im Gehirn und Körper depressive Zustände verursachen können. Ein Mangel an Serotonin und Noradrenalin ist somit nur mehr eine hinreichende, aber keine notwendige Ursache für depressive Zustände.

Im Gegensatz zur Medikamentennebenwirkung oder Diät, die man in den 1960er Jahren als ursächlich für depressive Zustände ausgemacht hat, ist es in der heutigen modernen Welt vor allem die fast allgegenwärtige Stressbelastung, die depressive Beschwerden hervorruft und die, wenn sie entsprechend massiv ist oder länger anhält und nur wenige bzw. zu kurze Erholungsphasen erlaubt, zu einer mehr oder weniger schweren und dauerhaften Erkrankung führen kann. Speziell der psychosoziale Stress macht heute vor kaum jemandem mehr Halt und nur emotional völlig abgestumpfte Menschen bleiben dabei mehr oder weniger gesund.

Im Rahmen depressiver Störungen unterscheidet man im Wesentlichen die „chronische Depression" (früher „neurotische" Depression, heute im Wissenschaftsjargon „Dysthymie") und die „depressive Episode" (früher „reaktive" Depression, heute „Major Depression"). Als dritte Erkrankungsart kannte man ehemals auch noch die „endogene" Depression, die von innen heraus ohne erkennbaren äußeren Anlass aufgetreten ist. Das dürfte allerdings vor allem darauf zurückzuführen gewesen sein, dass man häufig einen externen Verursacher nicht identifizieren konnte, obwohl der durchaus vorhanden war, vor allem bei Personen, denen schon die alltäglichen Stressbelastungen sehr zu schaffen machten und bei denen gar nichts Besonderes für eine Depression notwendig war. Als Erkrankung eigener Art wird oft die „bipolare" (früher „manisch-depressive") Störung gesehen, bei der die Depressionsphase auf eine Phase übersteigerter euphorischer Stimmung (Manie) folgt.

Daneben kennt man noch depressive Zustände nach Infektionskrankheiten (heute besonders aktuell „Corona", aber auch das „Chronische Fatigue Syndrom"), im Rahmen von Parkinsonerkrankungen und Hormonstörungen, in und nach den Wechseljahren, gegen Ende der Schwangerschaft und im Wochenbett, vor Beginn der Menstruation oder nach der Einnahme von Drogen. Auch verschlechtern sich häufig depressive Symptome im Herbst und Winter (saisonal bedingte Depression, „Winterblues") oder auch im Alter. Letzteres mag allerdings daran liegen, dass man in seiner aktiven Zeit eine oft durchaus schon vorhanden gewesene chronische Depressionserkrankung nicht so deutlich wahrgenommen hat, da sie durch eine mehr oder weniger befriedigende Berufstätigkeit überdeckt war.

Unterschiede zwischen chronischer Depression und depressiver Episode zeigen sich:

- In der Intensität der Erkrankung: Die depressive Episode ist meist viel stärker und belastender, der Kranken ist bewusst, dass sie krank ist. Vielfach stellen sich sogar Suizidgedanken ein. Bei einer leichten chronischen Depression dagegen merkt die Depressive ihre Erkrankung oft gar nicht, wehrt sich sogar vehement dagegen, sie sich einzugestehen.
- In der Dauer der Erkrankung: Die chronische Depression dauert oft Jahre, Jahrzehnte oder im schlimmsten Fall ein Leben lang. Die depressive Episode klingt oft nach Wochen oder Monaten wieder ab, kann aber durchaus auch länger dauern.
- Im Erkennen einer Ursache für die Erkrankung: Die Betroffene kann eine depressive Episode meist an einer eindeutigen Ursache (konkrete Stressüberlastung) festmachen. Eine chronische Depression dagegen entsteht regelmäßig durch latente Stressüberlastungen über einen längeren Zeitraum.
- Im Ansprechen einer Therapie: Die chronische Depression ist schwer zu therapieren, die Schulmedizin kann oft nicht helfen. Die in diesem Buch beschriebenen Heilungsmechanismen und die Psychotherapie sind hier in erster Linie gefragt. Die depressive Episode dagegen heilt oftmals von allein wieder aus und man merkt bei ihr auch mit der Zeit einen mehr oder weniger deutlichen Heilungsfortschritt. Bei entsprechend starken Beschwerden ist der Einsatz von Medikamenten oft nicht zu umgehen.

Zusammengefasst ist die depressive Episode also eine kurz- bis mittelfristige, durch eine konkrete Stressüberlastung verursachte, schwere Erkrankung, die allerdings meist von selbst wieder ausheilt, bei der ggf. Psychopharmaka zur Linderung der Beschwerden angesagt sind und bei der die in diesem Buch beschriebenen Heilungsmechanismen für die chronische Depression Verlauf und Dauer positiv beeinflussen. Eine Hauptursache für eine depressive Episode ist der Tod eines geliebten Menschen.

Die chronische Depression ist dagegen eine langfristige, durch meist unterschwellige Stressbelastungen über viele Jahre verursachte, leichte bis mittelschwere, in manchen Fällen auch schwere Erkrankung, die vor allem zu Beginn oft „larviert" oder „maskiert" verläuft, das heißt für die Betroffene nicht als solche erkennbar ist, die ausgesprochen schwer zu therapieren (laut Schulmedizin sogar therapieresistent) ist und bei der die in diesem Buch aufgezeigten Heilungsmechanismen, ergänzt durch psychotherapeutische Begleitmaßnahmen, die Mittel der Wahl sind. Hauptursache einer chronischen Depression ist ein stressiges Arbeitsleben.

Ein Zusammenhang zwischen beiden Depressionsformen besteht darin, dass bei Vorliegen einer chronischen Depression oft schon eine vergleichsweise geringe und kurzzeitige Stressüberlastung genügt, um zusätzlich eine heftige und hartnäckige depressive Episode auszulösen. Auch kann eine schwere und lange depressive Episode eine chronische Depression massiv verschlechtern und deren Ausheilung erheblich hinauszögern.

Eine Depression tritt besonders häufig bei Menschen auf, die von Natur aus wenig belastbar oder besonders sensibel sind bzw. deren Gehirn auf Grund verschiedener Umstände (siehe unten) besonders anfällig dafür ist. Kommt dann Stress in entsprechender Intensität dazu, erkrankt man. So zeigen sich mehr oder weniger starke psychische Beschwerden oft bereits in der frühen Jugend.

Insbesondere belastende bis traumatische Lebensereignisse oder Lebensumstände (oft in der Kindheit), wie Missbrauch, Vernachlässigung, Trennungs- und Verlusterfahrungen, Alkohol- oder Drogensucht der Eltern, schwere Krankheiten oder Unfälle, Krieg, Verfolgung und Lebensgefahr, schwächen die psychische Widerstandsfähigkeit und erhöhen das Risiko für

Depressionserkrankungen. Hier sind aktuell vor allem viele Flüchtlinge aus Krisengebieten Leidtragende.

Auch die Vererbung spielt eine wesentliche Rolle: Kinder depressionskranker Eltern haben ein deutlich erhöhtes Risiko, selbst auch an einer Depression zu erkranken. Darüber hinaus kommt auch dem Temperament und der Persönlichkeit eine nicht unwesentliche Bedeutung zu: Die eine ist extrovertiert, lässt alles hinaus, die andere ist introvertiert und schluckt alles. Auch die Erziehung hat keine zu unterschätzende Bedeutung: Wenn man nicht gelernt hat, sich zu wehren, und zu einer wahren Dulderseele erzogen worden ist (was vor allem Frauen und Mädchen betrifft), ist die Gefahr einer Depressionserkrankung sicher deutlich erhöht. Wenn dann auch noch das Grundselbstwertgefühl, das man von seinem Elternhaus mitbekommt, sehr schwach ausgeprägt ist, kommt man in seinem späteren Leben oft um eine Depression nicht herum.

Frauen sind statistisch doppelt so häufig betroffen wie Männer. Das dürfte aber vor allem daran liegen, dass Männer eher den Gang zur Ärztin scheuen und sich lieber in Eigenregie selbst „behandeln", und zwar mit Alkohol. Alkoholismus ist daher unter Männern ungleich häufiger verbreitet als unter Frauen, was auch die Geschlechterverteilung in der Entwöhnungsklinik beweist (6 : 1). Meinen Beobachtungen zufolge sind es sogar eher die Männer, die an Depressionsbeschwerden leiden, da sie sich oft in einem anstrengenden Berufsleben aufreiben, viel ehrgeiziger und auf Karriere sowie ein hohes Einkommen bedacht sind als Frauen und damit auch viel mehr Stress auf sich nehmen müssen, was nicht zuletzt auch die Suizidzahlen zeigen, die deutlich zu Lasten der Männer gehen (3:1).

Auch viele andere psychische Beeinträchtigungen treten häufig zusammen mit einer Depressionserkrankung auf. Es werden hier vor allem Angststörungen, Verhaltensstörungen, Essstörungen, Substanzmissbrauch, Persönlichkeitsstörungen, schizophrene Störungen oder psychosomatische Störungen genannt.

Depression ist eine Krankheit

Entscheidend ist, dass Depression eine Krankheit ist und nicht, wie noch in weiten Bevölkerungskreisen fälschlich angenommen, eine angeborene „Nervenschwäche", eine Veranlagung zur „Schwermut", ein Hang zur „Melancholie", ein vorübergehendes „Stimmungstief" oder gar ein sich zu wenig überwinden können. Es macht lediglich oft diesen Eindruck, vor allem dann, wenn die Krankheit über lange Zeit aufgebaut worden ist, einen chronischen Verlauf nimmt und ohne entsprechende Behandlung nicht mehr bzw. nur extrem langsam wieder ausheilt. Eine Depression ist eine Krankheit wie eine Grippe, nur dass sie nicht durch entsprechende Krankheitserreger verursacht wird, sondern durch zu viel Stress bei zu wenig Erholungszeit.

Die Depression ist dabei kein „Entweder man hat eine oder man hat keine", also kein „krank oder gesund", sondern ein Kontinuum. Es gibt sie in unterschiedlichen Schweregraden und Abstufungen: angefangen vom leichten nervlichen Angeschlagensein bis hin zur schweren chronischen Erschöpfungsdepression. Was aber ganz entscheidend ist: Es handelt sich in allen diesen Fällen immer um dieselbe Krankheit. Genau wie sich bei manchen Menschen eine Erkältung nur in einem harmlosen Schnupfen zeigt und der andere zwei Wochen krank im Bett liegt, so verhält es sich auch bei der Depression: Manche merkt noch kaum etwas, die andere liegt mit schweren Suizidgedanken auf der geschlossenen Abteilung einer Nervenklinik.

Wenn man die Psyche als Produkt des lebenden, menschlichen Gehirns und damit Teil des Körpers sieht, was sie letztlich auch ist, sind psychische Beschwerden genau genommen ja auch organisch. Man nennt sie bloß „psychisch", weil man in Ermangelung eines entsprechenden Verständnisses des Funktionierens des menschlichen Gehirns nicht wirklich viel mit ihnen anfangen kann. Die anhaltende Hervorbringung negativer Gedanken durch das depressionskranke Gehirn („Depressionen") ist so gesehen nichts grundlegend anderes wie entsprechende

Funktionsstörungen bei anderen Körperorganen, wie Atemnot bei einer Lungenerkrankung, Probleme mit dem Wasserlassen bei einer Harnwegsinfektion, Verdauungsstörungen bei einer Magen-Darm-Verstimmung oder ein beeinträchtigtes Blutbild bei einem Leberschaden.

Eine Depression hat auch nichts mit Schwäche zu tun. Es sind gerade oft starke Persönlichkeiten, die sie bekommen, da sie sich im Wissen um ihre Stärke leichter Stress aussetzen, Belastungen auf sich nehmen, Risiken eingehen, Dinge wagen, welche schwächere Persönlichkeiten nicht wagen würden.

Fakt ist allerdings, dass eine (auch chronische) Depression mit den in diesem Buch aufgezeigten Heilungsmechanismen gut behandelbar und kein Schicksal ist. Wesentlich ist auch, dass sie rückstandslos ausheilt. Ein nach einer Depression völlig gesundetes Gehirn ist wieder komplett intakt.

Sehr positiv ist auch zu sehen, dass psychische Krankheiten aufgrund der zunehmenden Relevanz in den letzten Jahrzehnten heute weitgehend anerkannt werden und nur mehr wenige Menschen die Nase rümpfen, wenn jemand wegen eines Burnouts oder einer Depression nicht arbeiten kann. Menschen haben zunehmend auch viel weniger Probleme, über psychische Beeinträchtigungen zu reden oder sich deswegen in Behandlung zu begeben als früher.

Depression ist eine Störung der Gefühlswelt

Depression ist primär eine Störung der Gefühlswelt. Nicht negative Gedanken an sich sind das grundlegende Problem der Erkrankung, sondern das ihnen zugrunde liegende bzw. sie begleitende unangenehme bis elende Gefühl. Negative Gedanken werden also erst zusammen mit gefühlsmäßigen Beschwerden zu „Depressionen". Gedanken und Gefühle sind hier so eng miteinander verzahnt, dass man sie gar nicht deutlich auseinanderhalten kann.

Wer schon einmal schwer Depressive auf einer psychiatrischen Krankenstation gesehen und erlebt hat, die machen nicht nur einen leidenden Eindruck, die leiden wirklich schwer. Mit negativen Gedanken allein ist dieser Zustand nicht erklärbar. Erst die Schwerkranke erkennt, was eine Depression *wirklich* ausmacht.

Die gefühlsbezogenen Beschwerden der Depressionskranken können dabei durchaus als psychisches „Schmerzgefühl" interpretiert werden, insbesondere wenn sie entsprechend heftig werden. Es ist anders als körperlicher Schmerz, von der Belastung aber durchaus vergleichbar. Im Extremfall so stark, dass man daran denkt, lieber zu sterben, als es noch länger zu ertragen, insbesondere wenn es andauert und man subjektiv keine Aussicht auf Besserung sieht.

Wie nahe psychischer und physischer Schmerz beieinanderliegen, zeigt sich bei psychosomatischen Beschwerden, wo sich die Depression in mehr oder weniger schweren körperlichen Leiden manifestiert. Wie dramatisch psychische Schmerzen werden können, sieht man bei Schwerkranken oder auch Entzugspatientinnen, die man in der Psychiatrie schon laut weinen oder sogar schreien erlebt hat. Botenstoffstörungen im Gehirn tun also buchstäblich „weh", das Schmerzgefühl wird nur, vor allem bei nicht so schweren Erkrankungen, durch die negativen Gedanken überdeckt.

Manch weniger stark Betroffene hat für ihre „leichten" psychischen Schmerzen, welche auch bei ihr zweifellos da sind, oft gar kein entsprechendes Sensorium, sieht nur ihr beeinträchtigtes Denken und hält die Depression für ein Leiden, das sich ausschließlich im Bewusstsein abspielt. Dass die gestörte Gedankenwelt auch eine organische Entsprechung im Gehirn hat, kommt ihr regelmäßig gar nicht in den Sinn oder wird einfach negiert („gehirnkrank" will ja niemand sein). Dann ist natürlich auch die Herangehensweise an die ganze Problematik meist eine völlig falsche. So sind die Betroffenen in der Folge häufig dazu verurteilt, Dauergäste auf der Therapeutinnen-Couch zu sein und nie zu einer vernünftigen Lebensqualität zu kommen. Speziell die Memoiren manches Promis zeugen von einer derartigen Lebensgeschichte.

Für die nicht Betroffenen sind psychische Schmerzen dagegen nicht nachvollziehbar, sodass diese oftmals für die Kranke nur wenig Verständnis aufbringen, wenn die nicht arbeiten geht oder das Haus nicht mehr verlässt, jede Stressbelastung scheut, insbesondere dann, wenn sie sich schon an der Grenze des Erträglichen befindet. Manch unbedarfte vermeintlich psychisch Gesunde, die ebenfalls nach entsprechenden Stressbelastungen gelegentlich negativ denkt und das Ganze für durchaus normal und im Rahmen guter psychischer Gesundheit hält, lässt dann schon einmal anklingen, die „Depressiven" mögen nicht so empfindlich sein und immer gleich von „Depressionen" reden. So ist das *nicht*. Wer sagt, dass er *Depressionen* hat, *hat* auch welche. Das weiß jede Betroffene selbst am besten. Die Intensität des psychischen Schmerzgefühls ist hier entscheidend.

Besonders Menschen, die selbst schon etwas nervlich angeschlagen und dazu wenig empathisch veranlagt sind, die die Welt etwas einfacher sehen, die dann manchmal auch entsprechend schwer am Morgen in die Arbeit gehen und sich über den Tag quälen, die haben regelmäßig nicht viel Einsehen dafür, dass Depressive sich nicht genauso zu einer Arbeit „überwinden", wie sie selbst das Tag für Tag tun, begegnen ihnen sogar häufig mit unverhohlener Aggression. Speziell, wenn die Kranke gut auf Medikamente eingestellt ist und nach außen durchaus nicht schlecht gelaunt erscheint, regelmäßig ins Caféhaus geht, Freizeitaktivitäten setzt, sich im Sommer den halben Tag in die Sonne legt, statt einer Beschäftigung nachzugehen, für die sie einfach (noch) keine ausreichende psychische Kraft hat, nicht belastbar genug ist, ist das für Außenstehende oft schon schwer zu nehmen. Da ist es dann nicht mehr so weit zu Titulierungen und Phrasen wie „Sozialschmarotzerin", „Simulantin", „liegt in der sozialen Hängematte" oder „lässt sich im Krankenhaus versorgen und bedienen".

Wohin das mangelnde Verständnis breiter Bevölkerungs-
kreise für depressive Beschwerden im Extremfall führen kann,
hat man im Dritten Reich gesehen, wo auch viele nicht mehr
arbeitsfähige, chronisch psychisch Kranke als sog. „Arbeits-
scheue" im KZ gelandet sind, wenn nicht überhaupt gleich direkt
aus der Psychiatrie in der Gaskammer in Hartheim; insbesondere, wenn sie noch dazu der Volksgemeinschaft zur Last gefal-
len sind und aus öffentlichen Mitteln zu versorgen waren. Bei
Menschen, die von ihren Angehörigen betreut wurden, war man
da oft „gnädiger".

„Depressionsähnliche" gefühlsbezogene Beschwerden kennt
auch durchaus die psychisch Gesunde, wenn sie entsprechend
Stress ausgesetzt ist, sie eine schwere körperliche Arbeit verrichten muss, sich beim Lernen plagt. Auch Empfindungen, wie
Langeweile, Zeitstress und Termindruck, Frust, Ohnmacht und
Enttäuschung, Fremdsein und Heimweh oder auch Erschöpfung
und Überarbeitung, gehören hierher.

Als nicht Betroffene Depression zu beschreiben und sinnvolle
Kriterien für das Vorliegen einer Depressionserkrankung auf-
zustellen, wie es die medizinische Wissenschaft immer wieder
versucht, ist äußerst schwierig, da man sich als „Außenstehende"
und Nichtbetroffene hier ausschließlich auf seine Beobachtungen
verlassen muss. Dann kommt man meist zu Umschreibungen
wie „über längere Zeit gedrückte Stimmung", „Freudlosigkeit",
„Interessenverlust" u. Ä., die den Kern der Sache, das psychische Schmerzgefühl, völlig außer Acht lassen. Man kann aber
als Betroffene selbst auf einer subjektiven Wohlfühlskala (z. B.
von 1 -10), die auch von Ärztinnen oft angewendet wird, ganz
gut seine Beschwerden festmachen und auch einen Skalenwert
festlegen, bei dessen Unterschreiten depressive Schmerzen beginnen einzusetzen. Das objektiviert die Sache dann ein bisschen und die behandelnden Medizinerinnen können regelmäßig
auch mehr damit anfangen als mit den meist unbeholfenen Versuchen der Patientin, ihre Befindlichkeit in Worte zu fassen.

Chronifizierung einer Depression

Es gibt langandauernde Stressbelastungen, die keine oder zu wenige und zu kurze Erholungsphasen erlauben. Eine aufreibende Berufstätigkeit, ggf. auch als Selbstständige, die Pflege einer kranken oder behinderten Angehörigen, zu großer Ehrgeiz in der Schule, die Sorge um ein Kind, chronische Schmerzen, Mobbing, ein dauerhaft erhöhter Angstpegel, ein hoher Schuldenberg, Arbeitslosigkeit, eine langandauernde Krankheit, eine Behinderung, ein Gefängnisaufenthalt, die Lebensumstände in einem Flüchtlingslager, das Leben in einer Patchwork-Familie, wenn man die fremden Kinder einfach nicht erträgt, aber durchaus auch ein aufreibendes Hobby oder eine belastende Partnerschaft.

In diesen Fällen kann es dann zu einer Depressionserkrankung kommen, die mit den Jahren chronisch wird und nicht mehr weggeht, auch wenn sich die Belastung entsprechend vermindert bzw. wegfällt. Wenn einmal ein bestimmter „Grundstock" einer Depression vorhanden ist, gibt es ohne entsprechende Therapie nur mehr ein noch schlechter werden und keinen Weg mehr zurück zur psychischen Gesundheit.

Es ist in bestimmten Fällen allerdings auch oft schwer möglich, zu entsprechenden Erholungsphasen zu kommen (z. B. bei einem Todesfall), bzw. man unterschätzt die Sache, bis es irgendwann zu spät ist. Es ist daher ganz wichtig, psychische Belastungen möglichst rasch wieder völlig auszuheilen und nicht von einer Stressbelastung in die nächste zu kommen. Wenn man sich erst einmal mit Alkohol oder Tabletten das mangelnde Wohlbefinden verschaffen muss, ist schon höchste Alarmstufe. Auch Relaxen und Erholung sind eine Investition in zukünftiges Wohlbefinden und psychische Gesundheit.

Das oft als positiv hingestellte „Sich Überwinden können" und das „Überwinden des inneren Schweinehundes" sind so gesehen Gift für die Psyche und das meist als negativ angesehene „Aufschieben auf morgen", wenn man heute seine Energien schon verbraucht hat, macht aus dieser Sicht durchaus Sinn. Wenn man keine Lust zu etwas hat, dann hat das schon seinen Grund und man sollte es, wenn möglich, auch gut sein lassen. Man muss sich nur *die* Menschen anschauen, die alles leichter nehmen, nicht für jede Gefälligkeit zu haben sind, wenn sie das einfach nicht möchten, sich auch einmal rarmachen: Die sind meist psychisch viel gesünder als diejenigen, die glauben, dass es ohne sie nicht geht.

Ansätze einer Depressionsbehandlung

Bei unvermittelt auftretenden depressiven Gedanken, die sich oftmals anfühlen wie „Stiche in die Psyche", welche meist noch eine Zeit lang nachwirken (speziell dann, wenn sie an die Existenz gehen wie plötzliche Suizidgedanken), dazu bei anhaltend negativem Denken in depressiver Grundstimmung wird man zunächst versuchen, passende positive „Kontergedanken" dagegenzuhalten, worin man auch sehr schnell Übung bekommt, da ohnehin immer dasselbe Negative „hochkommt". Ein sehr probater und universell wirksamer Ansatz besteht dabei darin, seine Beschwerden gedanklich auf ihre organische Grundlage zu reduzieren („man habe nur deshalb negative Gedanken und belastende Gefühle, weil man entsprechend Stress gehabt hat, das Gehirn in seiner Funktion beeinträchtigt ist; ist es nach einer ausreichenden Erholungszeit wieder in Ordnung, ist alles wieder besser"). Auch ein Sich-Bewusst-Machen, dass sich das Gehirn in einem Selbstheilungsmodus befindet, wenn man auffällige psychische Beschwerden hat (es weiß dann, dass es etwas tun muss), und dass sich im Anschluss an die depressive Phase eine entsprechende Verbesserung der Erkrankung einstellen wird, macht das Ganze deutlich leichter erträglich (dazu ausführlich im 5. Abschnitt, Kapitel „Wechselspiel von Belastung und Erholung").

Mittel- und langfristig wird man aber mit dem Bekämpfen von negativen Gedanken nicht glücklich werden. Man darf als

Betroffene nicht zuwarten, bis sie da sind, und dann ggf. etwas gegen sie unternehmen, sondern muss ihre Ursache, ihr Herkommen angehen. Nicht das depressive Denken selbst muss daher grundsätzlich Ansatzpunkt einer Behandlung sein, wie dies vor allem bei leichteren Beschwerden oft naheliegt (da hört man dann auch, Depression sei keine Krankheit), sondern die Funktionsstörungen im Gehirn. Nicht der Inhalt der Depressionen ist entscheidend, sondern die Tatsache, dass man welche hat.

Angenehme Gedanken und psychisches Wohlbefinden gibt es nur dann, wenn die organische (!) Gesundheit des Gehirns passt, sein Botenstoffhaushalt und alle anderen Abläufe, deren Beeinträchtigung zu Depressionen führen können, einwandfrei funktionieren, sie nicht durch zu viel Stressbelastung beeinträchtigt sind. Nicht der Mensch denkt und fühlt, sondern das lebende Gehirn. Denken und Empfinden ist sein Job. Genau wie die Lunge den Körper mit Sauerstoff versorgt, die Leber entgiftet oder die Nieren entwässern, produziert das Gehirn laufend Gedanken und Gefühle: positive, neutrale oder negative, je nachdem in welcher gesundheitlichen Verfassung es sich eben gerade befindet. Das Organ Gehirn und nicht sein Produkt, das Denken, muss daher Ziel aller Bemühungen zur Wiederherstellung der psychischen Gesundheit sein. Alles andere ist nur fruchtlose Symptombekämpfung.

Auch die äußerst populäre „kognitive" Psychotherapie, die für sich auch die Behandlung von Depressionen reklamiert, wird daher nur in leichteren Fällen ein wirklich wirksames Mittel dafür sein. Bei ihr sind, wie schon der Name sagt, die „Kognitionen" das primäre Ziel, wobei es gilt, falsche und belastende Gedanken, Denkschemata, Überzeugungen, Einstellungen und Erwartungen entsprechend zu ändern („umzustrukturieren") und dadurch den damit verbundenen Leidensdruck zu vermindern (die Vorgehensweise ähnelt sehr dem o. a. Setzen von Kontergedanken). Ganz charakteristisch für das depressive Denken sind dabei die *Verallgemeinerung* aus Einzelerlebnissen („keiner mag mich"), die Erwartung des *Schlimmsten* („ich werde mich fürchterlich blamieren"), die Unfähigkeit, einen *positiven*

Bezug zu seiner Persönlichkeit zu finden („ich bin eine Versagerin", „ich bin nichts wert", „ich bin die Schlechteste von allen"), das Erinnern nur des *Negativen* und ein entsprechendes Folgern daraus für die Zukunft („ich habe immer nur draufgezahlt und das wird sich auch nicht ändern") bis hin zu einer ausschließlich *finalen Denkweise* (Suizidgedanken).

Kognitive Therapie mag ja bei konkreten negativen Gedanken im Einzelfall ganz gut gelingen, wie Psychotherapeutinnen auch gerne anschaulich demonstrieren (bei schweren Depressionen wird es schon bedeutend schwieriger). Das in seiner Funktion gestörte, labile Gehirn der Kranken wird durch sie allerdings kaum positiv beeinflusst. Die Depressionen und negativen Denkschemata stellen sich mit schöner Regelmäßigkeit immer wieder ein, wenn man entsprechend Stress gehabt hat, und die Störungen der Gefühlswelt sind ja einer Umstrukturierung ohnehin nicht zugänglich.

Morgentief

Als „Morgentief" bezeichnet man schlechte Laune bis hin zu mehr oder weniger starken psychischen Beschwerden am Morgen unmittelbar nach dem Aufstehen. Praktisch jede Depressionskranke ist davon mehr oder weniger intensiv betroffen. Eine Erklärung für dieses Phänomen ist nicht so leicht zu finden. Man möchte meinen, dass es einem im Anschluss an eine Nacht guten Schlafs eigentlich besonders gut gehen müsste.

Das Morgentief zeigt sich dann besonders stark, wenn man schlecht oder zu wenig geschlafen hat; da erholt man sich dann oft den ganzen nächsten Tag nicht mehr völlig. Auch ein Schlafen zur Unzeit, wenn man etwa bis in die Morgenstunden gearbeitet, ferngesehen oder gefeiert hat, verstärkt das Unlustgefühl beim Aufstehen. Sogar die psychische Verfassung, in der man am Abend zu Bett gegangen ist, strahlt noch auf die Befindlichkeit am nächsten Morgen aus.

Ein kollektives Morgentief ist regelmäßig in den öffentlichen Verkehrsmitteln zu beobachten, wo auf dem Weg zur Arbeit oder Schule keine eine wirklich fröhliche Stimmung an den Tag legt oder besonders gesprächig ist (Wolfgang Ambros: „Jeder hat das fade Aug.“). Eigentlich sollte man sich auf den anstehenden Werk- oder Schultag ja freuen, aber wenn einem lange neun Stunden mehr oder weniger intensiver Berufs- oder Schul- und Lernstress bevorstehen, ist es kein Wunder, dass sich niemand begeistert zeigt.

Manche vermuten dahinter eine Störung der inneren Uhr, des Schlaf-wach-Rhythmus. Dem kann jedoch nicht gefolgt werden. Auch nach einem kurzen Mittagsschlaf stellt sich ja eine vorübergehende mehr oder weniger deutliche Verschlechterung der psychischen Befindlichkeit ein. Fakt ist, dass die kognitiven Prozesse (Wahrnehmung und Denken), die ja unmittelbar nach dem Erwachen mehr oder weniger intensiv wieder einsetzen – spätestens dann in der Arbeit oder im Schulunterricht –, sukzessive stimmungsaufhellende Wirkung haben und dass das Morgentief sich in der Folge immer mehr verflüchtigt. Wenn das Gehirn nach der Nachtruhe wieder im Aktivzustand ist und das tun kann, wofür es konstruiert ist, nämlich Wahrnehmen und Denken, fühlt man sich gleich erheblich besser.

Im Schlaf sind dagegen alle kognitiven Prozesse für sechs oder mehr Stunden unterbrochen und es geht einem am Morgen danach in etwa so gut oder schlecht, wie es einem „wirklich“ geht. Man steht sich dann buchstäblich ungeschminkt und ungewaschen gegenüber. Das ist auch der Grund, warum nächtlicher Schlafentzug für eine Depressive ein sehr probates Mittel zur Linderung ihrer Beschwerden ist und immer noch therapeutische Anwendung findet.

Am wenigsten Morgentief hat man, wenn man ordentlich und ausreichend schläft, am Abend rechtzeitig und möglichst immer annähernd zur selben Zeit zu Bett geht, sodass man am Morgen ausgeschlafen ist und von selbst aufwacht. Natürlich wäre auch – nicht zu anstrengendes – Sporteln am Abend ideal, aber nach einem schweren Tag ist man oft nicht mehr dazu bereit.

Sozialer Rückzug

Auch sozialer Rückzug ist ein charakteristisches Symptom einer Depression. Dauert das Ganze zu lange, wie das vor allem bei chronischen Störungen der Fall ist, reift in vielen Betroffenen der Gedanke und stellt sich zunehmend der Wunsch ein, das zu ändern und wieder mehr am gesellschaftlichen Leben teilzunehmen. Gründe dafür gibt es viele: Man möchte neue Freundschaften schließen, die man in der Depression oft verloren hat, einen Partner finden, erinnert sich an früher, als man noch Spaß in Gesellschaft vieler Menschen gehabt hat, und möchte das natürlich wieder erleben. Auch sieht man allenthalben in den Medien, vor allem im Fernsehen, wie Menschen Freude an zwischenmenschlichen Kontakten haben (z. B. in den „Seitenblicken" im ORF) und denkt, das müsste bei einem selbst ebenfalls so sein. Auch will man oft einfach wieder dazugehören, nicht abseitsstehen (der Wunsch des Eingebundenseins in eine Gemeinschaft ist dem Menschen ja wesensmäßig). Darüber hinaus ist regelmäßige Kommunikation mit anderen Leuten und die Möglichkeit, auf diese Weise Neues zu erfahren, ja grundsätzlich durchaus nützlich und dem eigenen Fortkommen förderlich. Auch haben viele Depressive nicht das Selbstbewusstsein, zu ihrem Alleinsein zu stehen und wollen mit dem Mainstream schwimmen und der ist ja entsprechend gesellig.

Auch in dieser Situation bietet vor allem die Psychotherapie Hilfe an und versucht mit allen Mitteln, dem Wunsch der Betroffenen zu entsprechen und sie möglichst rasch und ohne Rücksicht auf ihre jeweilige gesundheitliche Verfassung wieder unter die Leute zu bringen. Dieses Unterfangen ist allerdings meist zum Scheitern verurteilt. Sozialer Rückzug ist ein Symptom einer Depressionserkrankung, wie negatives Denken oder psychosomatische Beschwerden. Auch hier gilt es, zuerst die Krankheit auszuheilen, alles andere, wie die neuen Freundschaften und der Lebenspartner, kommt dann von allein. Wenn man eine Therapie braucht, um wieder regelmäßig zu Veranstaltungen zu gehen, ist man gesundheitlich noch nicht so weit. Dazu muss es einen hinziehen, das muss von selber gehen. Ein von der Therapeutin mehr oder weniger Hingestoßenwerden ist der falsche Ansatz. Auch merkt die Kranke spätestens dann, wenn sie es mit viel emotionalem Aufwand und psychologischer Unterstützung wieder einmal auf eine Party geschafft hat, dass es ihr im Anschluss daran, wider Erwarten, nicht wirklich viel besser geht. Ganz abgesehen davon, dass man das Ganze nicht genießen kann, meist allein und abseitssteht oder sich ausschließlich mit seiner Begleitung unterhält und die Erste ist, die wieder nach Hause geht. Auch wird man rasch sehen, dass neue Freundschaften und eine Partnerschaft sich nicht durch viele Sozialkontakte von allein einstellen. Dazu braucht es mehr.

Die einzige Möglichkeit gegen ungewollten sozialen Rückzug und zurück ins normale Leben besteht darin, wieder psychisch gesund zu werden. Wie das am besten geht, zeigt dieses Buch. Auch macht sozialer Rückzug in der Krankheit ja durchaus Sinn, um Ruhe und ausreichend Erholungszeit für den Genesungsprozess zu haben. Körperlich Kranke und Verletzte tun ja ebenfalls nichts anderes, das ist das Normalste auf der Welt.

Beeinträchtigung des Selbstwertgefühls

Minderwertigkeitsgefühle bis hin zum völligen Verlust des Selbstwertgefühls gehören wohl zu den drückendsten Symptomen einer Depression. Sie kommen außerordentlich häufig vor, sind regelmäßige Begleiter psychisch kranker Menschen. Minderwertigkeitsgefühle, Gefühle der Wertlosigkeit oder das Gefühl, eine Versagerin zu sein, zeigen sich dabei häufig bereits im Anfangsstadium der Erkrankung, gehören zu ihren ersten Anzeichen.

Man kann hier davon ausgehen, dass eine Depressionserkrankung die „Empfindlichkeit" für einen mehr oder weniger starken Selbstwertverlust erhöht. Kommen dann bestimmte widrige Lebensumstände und Ereignisse dazu, kann es zur Ausbildung von entsprechend starken Störungen des Selbstwertgefühls bis hin zu richtigen „Minderwertigkeitskomplexen" kommen. Es kann zunächst das Grundselbstwertgefühl, das einem das Elternhaus mitgibt, entsprechend schwach ausgeprägt sein oder man wird in der Schule auf Grund einer körperlichen oder sozialen Unzulänglichkeit gehänselt oder gemobbt bzw. man kann in verschiedenen, für einen selbst entsprechend wichtigen Belangen mit anderen hochgeschätzten Menschen, vor allem in Film und Fernsehen, aber auch mit Freunden und Bekannten, nicht mithalten, man versagt als Sohn oder Tochter gebildeter und erfolgreicher Eltern in Schule und Beruf. Speziell junge Mädels sind häufig von Minderwertigkeitsgefühlen bis hin zu schweren Komplexen wegen ihres nicht klassischen Schönheitsidealen entsprechenden Äußeren betroffen, leiden oft ein Leben lang schwer darunter. Für damit verbundene Herabwürdigungen gibt es mit „Bodyshaming" sogar bereits einen eigenen Begriff.

Minderwertigkeitsgedanken treten verstärkt während und nach Belastungssituationen auf, oft im Anschluss an einen stressigen Arbeitstag am Abend beim Relaxen. Sie sind eigentlich auch nur eine besonders gefärbte Form von Depression und gehen so auch immer mit einem dementsprechenden miesen Gefühl einher. Da hilft dann auch meist kein sich immer wieder seine Vorzüge vor Augen führen.

Das krankheitsbedingt angeknackste Selbstvertrauen der Depressiven kann durch bestimmte Schlüsselerlebnisse manchmal komplett verloren gehen. Ein schwerer Schnitzer in der Arbeit, aus der man den letzten Rest seines Selbstwertgefühls bezieht, ein Verlustiggehen des Partners, weil der sich in jemand anderen verliebt, einen Korb bekommen von einem netten Mädchen oder Burschen, in das*den man schon seit Jahren verliebt ist, ein selbstverschuldeter Blechschaden mit dem Auto u. v. m.

Der Verlust des Selbstwertgefühls und der Selbstsicherheit ist so charakteristisch für eine Depression, dass die Verhaltenstherapie sogar eigene Seminare zu deren Steigerung („Selbstsicherheitstrainings") anbietet. Bezüglich des Erfolges dieser Veranstaltungen muss man die zuständigen Psychologinnen fragen, ich vermute allerdings, dass er überschaubar bleibt. Ein sich im Falle eines krankhaft verminderten Selbstwertgefühls besonders Selbstsichergeben wird in den meisten Fällen nicht wirklich funktionieren, im Gegenteil, andere Menschen durchschauen das gekünstelte Gehabe binnen kürzester Zeit und es erweckt bei ihnen erst recht einen Eindruck von Schwäche. Auch ist das Ganze wieder nicht mehr als Symptombekämpfung mit nur marginaler Wirkung auf die ursächliche organische Störung.

Der depressionsbedingte Verlust des Selbstwertgefühls ist auch deswegen besonders unangenehm, da er in weiterer Folge Ursache für zusätzliche Belastungen und Stress ist und so die Depression weiter verstärken kann. Wenn man anderen Menschen gegenüber starke Hemmungen hat, sich unwohl fühlt bei seinen täglichen Besorgungen im Geschäft, beim Arzt, in öffentlichen Einrichtungen, bleibt oft nur weitgehendes Vermeidungsverhalten als Alternative. Auch reagieren andere Menschen auf selbstunsicheres Verhalten oft mit Aggression und Herabwürdigungen, was für die Depressive auch alles andere als angenehm ist.

Zur raschen Verbesserung bzw. sogar Beseitigung von Selbstwertproblemen sollte man es zunächst unbedingt einmal mit Ausdauersport versuchen. Der ist bei fast allen psychischen Erkrankungen extrem angesagt, ist quasi ein Universalheilmittel, nicht nur für den Körper, sondern vor allem auch für die Seele. Eine Stärkung der Physis durch den Sport wird regelmäßig auch eine entsprechende Stärkung der Psyche und eine Verbesserung der Einstellung sich selbst gegenüber bewirken. Auch ein gut wirkendes Antidepressivum hat schon gelegentlich aus einem Lämmchen eine Löwin gemacht. Die dauerhafte Rückkehr des gesunden Selbstwertgefühls passiert dann schlussendlich durch die völlige Ausheilung der Erkrankung. Man kann sich, wenn die alte Kraft und Stärke wieder da sind, oft selbst gar nicht mehr vorstellen, in welch jammervoller Verfassung man einmal gewesen ist.

Ich kenne keinen psychisch gesunden Menschen mit einem stark unterentwickelten Selbstwertgefühl. Was aber nicht heißen soll, dass man nicht auch als Gesunde erfolgreich daran arbeiten kann oder soll. Fortbildung, beruflicher Aufstieg, aber auch das Dasein für andere (z. B. in der Ehrenamtlichkeit), das Gefühl des Gebrauchtwerdens in der Familie können unheimlich aufbauend sein. Es gibt da so viele Möglichkeiten und individuell unterschiedliche Wege zu Selbstwertgefühl und psychischer Stärke.

Ein grundlegendes Selbstwertgefühl entsteht schon im Kindesalter, speziell dann in der Pubertät, wenn man die Werte, die einem vor allem das Elternhaus als sehr wichtig vorgibt, besonders gut erfüllt. Es zeigt sich in dem Stellenwert, den man sich selbst anderen gegenüber beimisst. Ob ein hübsches Aussehen, sportliche Leistungen, Beliebtheit, es gibt viele Quellen dafür. Auch das von den Eltern oder anderen Bezugspersonen vorgelebte Selbstwertgefühl hat natürlich Auswirkungen auf jenes des Kindes und erhält sich oft ein Leben lang.

Es hat auch jeder Mensch Eigenschaften und Qualitäten, die ihn einzigartig machen: Wenn man es als Eltern schafft, diese Quellen der Einzigartigkeit als besonders wichtig und erstrebenswert erscheinen zu lassen, wird das Kind in seinem späteren Leben meist kein Problem mit dem Selbstwertgefühl haben. Wenn dem Kind aber Werte vorgegeben werden, die es aus irgendeinem Grund nicht befriedigend erfüllen kann, bleibt ihm meist nichts anderes übrig, als durch besondere Leistungen auf anderen Gebieten dieses Defizit zu kompensieren. Viele Menschen schaffen es so auch erst in ihrem späteren Leben, zu einem zufriedenstellenden Selbstwertgefühl zu kommen.

Demütigungen

Die Depressive hat manchmal den Eindruck, als ob ihr Leben voller Demütigungen ist, die sich mit der Zeit immer mehr bei ihr ansammeln wie graue Haare auf dem Kopf. Ständige abfällige Bemerkungen von Arbeitskolleginnen bis hin zum Mobbing, Kritik bei jeder Kleinigkeit von der Vorgesetzten, unfreundliche Behandlung im Geschäft, ein geflissentliches Übersehenwerden von einer Bekannten, ein nicht Ernstgenommenwerden bzw. sogar Lächerlich-Gemacht-werden von der Freundin (sofern man noch eine hat), Herabwürdigungen durch den Ehepartner oder gar die Respektlosigkeiten der eigenen Kinder.

Die psychisch Kranke zieht solche Verhaltensweisen ihrer Umgebung oftmals förmlich an. Es ist vor allem ihr geringes Selbstwertgefühl, die fehlende Selbstachtung und das daraus resultierende unsichere Auftreten, auf das andere Menschen oft mit demütigendem Verhalten reagieren, besonders dann, wenn sie noch dazu spüren, dass die Betreffende besonders sensibel und an diesem Tag nicht in der Verfassung ist, sich entsprechend zu wehren. Die bekommt so scheinbar immer dann eins drüber, wenn sie besonders dafür anfällig ist.

Die Depressive vergleicht sich dann auch oft mit anderen Menschen, die viel respektvoller von ihrer Umgebung wahrgenommen werden, und hat häufig selbst nicht die geringste Ahnung, was an ihr nicht stimmt, woran es liegt, dass es ihr nicht ähnlich geht. Dass die andere einfach nur psychisch gesund ist und ein entsprechendes Auftreten mit dazu passender Körpersprache hat, kommt ihr regelmäßig nicht in den Sinn.

Die Lösung des Problems liegt auf der Hand: Ausheilen der Depression und Wiederherstellen der psychischen Gesundheit. Man wird dann merken, wie sich das eigene Verhalten und das der Umwelt einem selbst gegenüber immer mehr zum Positiven ändert, man so gar nicht mehr ständig fürchten muss, Demütigungen zu erfahren. Dass regelmäßiger Ausdauersport die Selbstsicherheit, das Auftreten immer mehr verbessert, ist auch keine

Frage. Man bekommt dann den Respekt und die Achtung, um die man immer vergeblich gekämpft hat und um die man andere Menschen immer beneidet hat, umsonst.

Beliebtheit und das Gegenteil

Die Depressive macht immer wieder die Erfahrung, dass andere Menschen mit ihr keine so rechte Freude haben oder sie sogar mehr oder weniger offen ablehnen, am Arbeitsplatz, im Freizeitverein, sogar im Bekanntenkreis und in der Familie.

Der eher rüpelige Arbeitskollege bzw. der cholerische und oftmals ausfällige Sportfreund wird bei seinem Kommen dagegen von allen freudig begrüßt, sofort scharren sich eine ganze Menge Leute um ihn, er hat eine Vielzahl von Freunden (wenn man an den Begriff „Freund" keine allzu hohen Ansprüche stellt), während man selbst nicht einmal die Finger einer Hand dazu braucht, seine eigenen abzuzählen. Man verbringt gerne seine freie Zeit mit ihm, er ist ein von allen Leuten gesuchter Gesprächspartner, ist scheinbar überall beliebt und willkommen. Er braucht sich gar nicht groß zu bemühen, bei seiner Umgebung gut anzukommen, es fällt ihm leicht. Sogar negative Äußerungen und unpassendes Verhalten werden ihm nicht lange nachgetragen. Selbst Menschen, die er nicht so mag, lehnen ihn nicht völlig ab, haben einen zwanglosen Umgang mit ihm, auch wenn sie sich hinter seinem Rücken oftmals abfällig über ihn äußern. Sobald er da ist, ist wieder alles anders.

Es ist auch bereits die simple Unterhaltung, das Plaudern mit einem psychisch beeinträchtigten Menschen meist wenig erbaulich. Es macht einfach keinen Spaß, man hat dabei und auch danach kein positives Gefühl, wie man es bei einer gut gelaunten, psychisch gesunden und entspannten Gesprächspartnerin hat, die man beim Smalltalk meist gar nicht mehr weglassen will. Man spürt die depressive Erkrankung der anderen, ihr psychisches Unwohlbefinden, da braucht man gar nicht darum zu wissen. Es stellt sich mit der Zeit dann schon beim Anblick der Betreffenden ein entsprechend negatives Gefühl ein, man findet sie einfach unsympathisch, mag sie nicht und geht ihr, wenn möglich, aus dem Weg.

Auch für dieses Problem der Depressionskranken ist die Lösung schnell gefunden: Man braucht sich gar nicht charakterlich zu verändern oder ein anderer Mensch zu werden oder noch schlimmer, einfach resignieren und sich mit der Situation abfinden, sondern nur möglichst rasch wieder psychisch gesund werden. Man wird sehen, wie sich die Welt um einen völlig verändert. Man wird vielleicht nicht zu „Everybody's Darling", dazu muss man geboren sein, bekommt aber wieder die Zuneigung von anderen Menschen entgegengebracht, die man als Depressive so vermisst hat.

Mobbing

Unter Mobbing versteht man die mit perversem Genuss verbundene psychische oder sogar physische Verletzung anderer Menschen mit dem Ziel, diese aus einer Gemeinschaft, wie z. B. in der Schule, Firma, im Freizeitverein oder in der Wohnumgebung, auszugrenzen.

Ein Mensch mit einer mehr oder weniger schweren Depression und/oder Angsterkrankung ist auch für Mobbing viel anfälliger. Diese Anfälligkeit ist bei der Betroffenen meist nicht an jedem Tag gleich. Manchmal ist man empfindlicher (wenn man vielleicht an den Vortagen zu viel Stress gehabt hat und entsprechend labil ist), manchmal ist man weniger leicht aus der Ruhe zu bringen und robuster gegen negative Einflüsse aller Art, auch gegen Mobbing.

Menschen, die es nicht gut mit einem meinen, spüren schon im ersten Umgang mit einem potenziellen Opfer, dass dieses – vielleicht gerade an *dem* Tag – besonders empfindlich und verletzlich ist, und nutzen das aus, um sich durch Psychoterror jeglicher Art bis hin zu körperlicher Gewaltanwendung abzureagieren.

Bewusstes Ignorieren der Mobberin und der Versuch, keinerlei Reaktion nach außen zu zeigen und der Betreffenden so die Lust an ihrem Verhalten zu nehmen, bringt da leider auch nicht viel. Die merkt intuitiv, wann sie bei einem Menschen besonders gut psychischen Schaden anrichten kann und so zu ihrem abartigen Genuss kommt.

An einem psychisch gesunden Menschen mit einem entsprechend stabilen, positiven und entspannten, selbstsicheren Auftreten prallen dagegen Mobbingversuche meist völlig ab bzw. die Mobberin spürt von vornherein, dass bei diesem Menschen „nichts geht" und lässt es bleiben (und sucht sich ein anderes Opfer). Menschen, die so vor Mobberinnen ihre Ruhe haben, haben zu diesen Individuen oft sogar ein ganz und gar nicht gestörtes Verhältnis. Die Mobberin ist Menschen gegenüber, an die sie nicht „herankommt", oft sogar besonders zugänglich, kompensiert ihr widerliches Verhalten dem einen gegenüber durch besondere Nettigkeit dem anderen gegenüber.

Mobberinnen selbst haben sehr wenig Selbstwertgefühl und positive Einstellung zu sich selbst. Sie wissen, dass sie keine besonders wertvollen menschlichen Individuen sind, können aber aus ihrer Haut einfach nicht heraus. Mobberinnen sind oft selbst psychisch krank und bedauernswerte Individuen. Aber diese Erkenntnis hilft ihren Opfern, die ihnen jeden Tag ausgesetzt sind, nicht allzu viel.

Auch bei depressions- bzw. angstbedingter Anfälligkeit, Mobbingopfer zu werden, ist die erste Devise, die Krankheit auszuheilen. Oft helfen einem kurzfristig aber sogar schon gute Psychopharmaka entscheidend weiter, die entsprechend stabilisieren, die Psyche vor negativen Einflüssen von außen abschirmen und weniger empfindlich machen. Auch in diesem Zusammenhang an jede Betroffene die Empfehlung, mit regelmäßigem Ausdauersport ihre psychischen Abwehrkräfte zu stärken, Auftreten, Selbstbewusstsein und auch Wehrhaftigkeit zu steigern.

In einem Fall von ständigem Gemobbtwerden, die Schule, den Arbeitsplatz, die Wohnung zu wechseln bzw. sich einen anderen Freundeskreis zu suchen, ist meist mühsam und bringt oft auch nicht viel. Unappetitliche Zeitgenossinnen gibt es leider überall viel zu viele. Wenn es natürlich gar nicht mehr geht und man der Mobberin gegenüber bereits eine derart negative Einstellung hat, dass schon ihre Anwesenheit massiven Stress macht oder einem regelmäßig vor dem nächsten Schul- oder Arbeitstag graut bzw. man sich nicht mehr aus der Wohnung traut, wird man sich nach Alternativen umsehen müssen. Einer Mobberin, die es ganz besonders auf einen abgesehen hat, aus dem Weg zu gehen, ist keine Schwäche, sondern eine Notwendigkeit, wenn man psychisch gesund bleiben bzw. seine volle Gesundheit wiedererlangen will. Es gibt immer Alternativen im Leben und je psychisch gesünder man ist, desto leichter wird man sie finden.

Aggressivität

Depressive (vor allem Männer) sind häufig aggressiv, unverträglich, gereizt, jähzornig, cholerisch, ausfällig und beleidigend; es braucht nicht viel, um sie in Rage zu bringen. Sie suchen ständig Streit, vor allem mit den eigenen Angehörigen, Nachbarn, aber auch mit Fremden und sind regelmäßig eine wahre Geisel für ihre nähere Umgebung, machen diese oft auch noch psychisch krank. Insbesondere Bruderzwiste oder Nachbarschaftsstreitigkeiten, die gelegentlich über Jahrzehnte gehen, haben häufig die Ursache in psychischen Erkrankungen der Betroffenen.

Aggressive psychisch Kranke haben auch immer wieder das Bedürfnis, andere, die sie subjektiv über sich stellen, herabzusetzen;

vor allem die Stars in Film, Fernsehen und Unterhaltungsmusik sind oft Stein des Anstoßes. Auch Hasspostings in den sozialen Netzwerken, besonders schlechte Benotungen von Produkten und Dienstleistungen im Internet und einschlägige Leserbriefe in Zeitungen haben oft Depressive als Urheber, die auf diesem Weg ihre aufgestauten Aggressionen abbauen.

Natürlich ist nicht jeder aggressive Mensch psychisch krank, es gibt auch viele, die einfach so konstruiert sind. Oft ist besondere Aggressivität sogar ein Merkmal ganzer Ethnien, was man im Zusammenhang mit der Migrationswelle der letzten Jahre gut beobachten konnte und kann. Die suchen sich regelmäßig auch Staatsführer und Religionen, die zu ihnen passen.

Andere Menschen reagieren auf aggressive, psychisch kranke Mitmenschen äußerst negativ, ablehnend und zurückweisend, gehen ihnen, wenn möglich, aus dem Weg. Die Betreffenden haben daher wenig bis gar keine Freunde, außer solche, die ihnen entsprechend ähnlich sind. So kommt es häufig zu Cliquenbildungen von aggressiven, gewaltbereiten Jugendlichen, die eine wahre Plage für die Gesellschaft darstellen.

Aggressive Depressionskranke haben meist Probleme in der Schule, Arbeit und Partnerschaft, sind oft kriminell, tragen Waffen bei sich, da sie schon damit rechnen, mit anderen in Streit zu geraten, und glauben, sich in diesem Fall damit besser Respekt verschaffen zu können, speziell wenn sie entsprechend schwächlich sind. Sie sind regelmäßig Gäste in diversen Gefängnissen, Aggressionsabbautrainings, Psychotherapien, Männerberatungen, die allerdings meist nicht viel helfen, da sie das Grundproblem, nämlich die psychische Erkrankung, nicht beheben. Auch Alkohol- oder Drogenabhängigkeit ist oft ein Thema.

Man muss *die* Leute bewundern, die sich um solche Menschen kümmern und versuchen, sie wieder in die Gesellschaft zu integrieren und zu mehr oder weniger wertvollen Mitgliedern derselben zu machen: Psychotherapeutinnen, Sozialarbeiterinnen, Bewährungshelferinnen. Die Durchschnittsbürgerin könnte so etwas kaum, da ihre angeborene Abneigung gegen Aggressivität im Verbund mit Depression zu groß ist. Auch sehen viele nicht ein, dass man für Kriminelle (vielleicht sogar noch Asylwerber), die die Gesellschaft schädigen, auch noch Steuergeld ausgeben soll.

Meist hilft bei krankheitsbedingter Aggressivität und Unverträglichkeit schon ein gutes Antidepressivum ganz ausgezeichnet, um gelassener, entspannter und umgänglicher zu werden. Der Betreffende merkt dann rasch, dass die Umgebung plötzlich viel positiver auf ihn reagiert und genießt die meist unerwartete Wertschätzung. Natürlich ist es notwendig, dass er seine psychische Erkrankung auch einsieht, was sehr oft allerdings nicht der Fall ist. Auch seine Aggressionen beim Sporteln abbauen macht nicht viel Aufwand und ist durchaus erfolgversprechend.

Psychosomatische Schmerzen

Darunter versteht man im Wesentlichen körperliche Schmerzempfindungen ohne entsprechende organische Ursache. Sie treten häufig im Zuge chronischer Depressionserkrankungen auf und manifestieren sich oftmals als quälende Kopf-, Rücken-, Gelenks-, Brust- oder Leibschmerzen. Es ist aber kein Körperteil vor solchen Zuständen gefeit. Auch das sattsam bekannte Ohrensausen oder andere körperliche Überempfindlichkeiten können psychischen Ursprungs sein (Ohrensausen ist dabei ein durchaus häufiges Leiden: 60 – 80 % aller – insbesondere durch die schulischen Belastungen gestressten – Jugendlichen sind irgendwann einmal davon betroffen).

Psychosomatische Schmerzen können sehr hartnäckig sein und die Lebensqualität über lange Jahre massiv beeinträchtigen. Für ihre Entstehung kann von einer erhöhten Empfindlichkeit dafür durch eine depressive Erkrankung ausgegangen werden. Kommt dann wiederholt auftretender organischer Schmerz dazu (wie z. B. Rückenbeschwerden nach starken Belastungen in der Arbeit) und wird das Ganze als besonders belastend wahrgenommen, kann es sich so sehr im kranken Gehirn verfestigen, dass es auch dann noch weiter spürbar ist, wenn die eigentliche Ursache wegfällt.

Psychosomatische Schmerzen kann man gut daran erkennen, dass sie sich verstärkt bei und nach Stresssituationen zeigen. Sie vermindern sich sehr rasch nach Erfolgs- oder anderen glücklich machenden Erlebnissen. Organische Schmerzen sind dagegen auch bei vollständigem psychischen Wohlbefinden zu spüren, auch wenn sie dann nicht so drückend empfunden werden.

Betroffene neigen leider sehr häufig dazu, psychosomatische Schmerzzustände ausschließlich auf eine (nicht auffindbare) körperliche Ursache zurückzuführen. Man bildet sich dann alles Mögliche ein, geht von einer Spezialistin für die betroffene Körperpartie zur nächsten, versucht ein schmerzlinderndes Medikament ums andere, eine Behandlung nach der anderen, natürlich ohne den geringsten Erfolg. Man zweifelt in der Folge die Kompetenz der ganzen Ärzteschaft an, ist felsenfest davon überzeugt, dass da „etwas" sein *muss*. Manchmal kommt es sogar zu völlig nutzlosen operativen Eingriffen, die durch den dabei aufgeladenen Stress das Ganze oft noch mehr verschlimmern.

Jeder psychisch mehr oder weniger Angeschlagenen sei dringend geraten, bei unerklärlichen Schmerzzuständen auch und vor allem einmal eine psychische Ursache in Betracht zu ziehen und sich nicht auf das Vorliegen einer organischen Ursache zu versteifen, nur weil man damit offensichtlich weniger Probleme hat.

Von medikamentöser Seite helfen bei psychosomatischen Schmerzzuständen sehr gut die Antidepressiva. Und auch leichter Ausdauersport kann, sofern die Beschwerden es zulassen, wieder gar nicht genug empfohlen werden. Oft genügt jedoch schon das bewusste Vor-Augen-Führen, dass die Schmerzempfindungen keine „reale" Grundlage haben, um eine deutliche Besserung herbeizuführen (dafür bedarf es natürlich einer entsprechenden Einsicht der Kranken). Alle Beschwerden, ob psychisch oder physisch, die man sich nicht erklären kann, sind ja besonders drückend. In weniger schweren Fällen bringt alles, was zu einer Ausschüttung von Glückssubstanzen im Gehirn führt, kurzfristig rasch Linderung. Hier genügt oft schon ein Gespräch mit einem netten Menschen, ein gutes Essen oder eine Tafel Schokolade, seine bevorzugte Musik im Wohlfühlsessel, auch Küssen und Kuscheln. Die vollständige Beseitigung des Leidens erreicht man aber auch hier nur durch die Ausheilung der zugrunde liegenden Depression. Eine psychisch Gesunde hat keine psychosomatischen Schmerzen. Da jede Depressionserkrankung heilbar ist, braucht man daher absolut keine Angst zu haben, dass man diese oft wirklich quälenden Zustände sein Leben lang nicht mehr loswird.

Depression und Sucht

Süchte können entstehen durch regelmäßige Zuführung abhängig machender Substanzen, wie Alkohol, Drogen, Nikotin, Koffein oder Beruhigungsmittel (exogene Süchte) oder durch die regelmäßige Ausschüttung von das psychische Wohlbefinden steigernden Substanzen durch das Gehirn selbst in Folge von positiven Erlebnissen, Erfahrungen oder positiv bewerteten Verhaltensweisen, vor allem aber durch Ausdauersport (endogene Süchte).

Die Gründe für das Nicht-mehr-Loskommen von einer Suchtsubstanz können dabei sowohl physischer als auch psychischer Natur sein. So kommt es bei der Abhängigen bei Unterversorgung mit dem Suchtmittel regelmäßig zu mehr oder weniger schweren Entzugserscheinungen, die kurzfristig nur durch weitere Zuführung der Suchtsubstanz behoben werden können. Andererseits entwickelt die Abhängige mit der Zeit eine solche „Verbundenheit" mit ihrem Suchtmittel, dass sie sich ein Leben ohne eine

„Genusszigarette" oder ein „Belohnungsbier" nach der Arbeit nicht mehr vorstellen kann.

Wie weit eine Depression oder auch eine Angsterkrankung die Anfälligkeit auf Süchte aller Art erhöht, ist schwer zu sagen. Ich denke aber, dass psychisch gesunde Menschen weniger zu Alkohol und Zigaretten greifen als psychisch Kranke bzw. ggf. leichter wieder davon loskommen und dass auch hier eine gewisse Empfindlichkeit dafür durch eine psychische Erkrankung vorhanden sein dürfte. Ob die Kranke dabei auf Grund der Funktionsstörungen in ihrem Gehirn einfach suchtgefährdeter ist als die Gesunde oder sie auf Grund der Tatsache, dass sie ständig auf der Suche nach Verbesserung ihres dauerhaft verminderten Wohlbefindens ist, eher zum Suchtmittel greift und in der Folge abhängig wird, beides ist denkbar. Die Kranke hat jedenfalls durchgehend das Gefühl eines psychischen Mangelzustandes, welches sie durch Gabe ihrer Suchtsubstanz vorübergehend beseitigen kann. Auch die Tatsache, dass das Verlangen einer Abhängigen nach dem Suchtmittel speziell im Anschluss an starke Stressbelastungen besonders groß ist („jetzt brauche ich aber eine Zigarette"), ist ein Indiz für die höhere Suchtanfälligkeit von psychisch Beeinträchtigten. Natürlich spielen aber auch Erblichkeit und Veranlagung eine erhebliche Rolle für das Ansprechen auf Suchtmittel im Allgemeinen bzw. bestimmte Suchtsubstanzen im Speziellen.

Gegen ein Glas Bier oder Wein nach einem anstrengenden Arbeitstag ist natürlich nicht das Geringste einzuwenden. Ein Problem bekommt man nur, wenn man Alkohol nicht mehr bewusst zur gelegentlichen Verbesserung des Wohlbefindens bzw. dann und wann zur Beruhigung einsetzt, sondern jeden Tag in entsprechender Menge konsumiert, weil man schon in einer so schlechten allgemeinen psychischen Verfassung ist, dass man ohne ihn keine akzeptable Befindlichkeit mehr erreicht.

Extrem problematisch wird Alkohol dann, wenn man ihn als verdecktes Antidepressivum über den ganzen Tag verteilt konsumiert bzw. dann am Abend als Schlafmittel einsetzt. Nicht nur, dass er den Körper zerstört und stark abhängig macht, er verhindert so auch meist den rechtzeitigen Gang zur Fachärztin und damit zur Einleitung einer Behandlung gegen die psychische Erkrankung, die dem Alkoholmissbrauch zu Grunde liegt. Wenn man dann eine schwere chronische Depression und zusätzlich noch eine Alkoholsucht hat, braucht es schon einen ganz starken Willen, um aus dem Ganzen wieder herauszukommen.

Mit besonderer Vorsicht sind auch all jene Aktivitäten und Verhaltensweisen zu sehen, bei denen die Betreffende immer wieder starken Stress auf sich nehmen muss, um kurzfristig zu entsprechendem Wohlbefinden zu kommen, wie exzessive Berufs- oder Sportausübung. Hier kann es sein, dass vor allem auch die psychische Gesundheit massiv leidet, man immer labiler wird und noch dazu immer extremer in seinen Verhaltensweisen (der Workaholic arbeitet bis zum Umfallen, die Bewegungssüchtige macht immer extremer Sport). Da geht die Spirale oft ganz schnell nach unten.

Suizidgedanken und Suizid

Suizidgedanken sind wohl die ultimative Form von Depressionen. Sie sind wirklich das letzte Alarmzeichen bei der Erkrankung. Wenn das Gehirn signalisiert, dass es nicht mehr leben mag, das ist schon heftig.

Suizidgedanken sind dabei klar zu unterscheiden von dem durchaus schlüssigen, vernünftigen und auch für eine Gesunde nachvollziehbaren Denken, sein Leben beenden zu wollen, wenn es nicht mehr lebenswert ist, wie das zum Beispiel der Fall ist bei einer Krebskranken im Endstadium oder bei einer von einem Schlaganfall schwer körperlich und geistig geschädigten Person. Suizidgedanken sind eine besondere Form von Depressionen, die sich bei jeder Depressionskranken irgendwann einstellen, wenn die Krankheit entsprechend weit fortgeschritten ist, und die sich wieder geben, wenn sich die psychische Befindlichkeit entsprechend verbessert. Wie ernst sie genommen werden müssen, lässt sich für die nicht Betroffenen daran ermessen, dass ein der psychischen Erkrankung adäquates *organisches* Leiden, welches das Gehirn ebenfalls dazu veranlasst, immer wieder Gedanken an eine Beendigung seiner Existenz zu produzieren, schon entsprechend massiv sein muss.

Suizidgedanken sind für die Depressive regelmäßig ein solcher Einschnitt im Leben, dass sie den Zeitpunkt ihres (erstmaligen) Auftretens nie mehr völlig vergessen kann, sich im Anschluss noch tagelang immer wieder deutlich erinnert, auch wenn es ihr wieder entsprechend besser geht. Das ist schon wie ein Keulenschlag. Allerdings setzen die Betroffenen nicht bereits bei den ersten Gedanken daran ihrem Leben ein Ende, da ist zunächst schon noch der Lebenswille stärker. Für einen Suizid müssen schon andere Faktoren dazukommen, wie ein entsprechend schwerer und langer (unbehandelter) Krankheitsverlauf und subjektiv keine Aussicht auf Besserung. Dann kann er aber auch sehr spontan erfolgen, ohne lange Überlegung oder gar Planung.

Sogar Menschen, die bereits Suizid*handlungen* setzen, wollen oft nur drastisch darauf aufmerksam machen, wie schlecht es ihnen geht, vor allem im Krankenhaus. Dann kann es vorkommen, dass schwer Depressive in ihrer Verzweiflung Suizidhandlungen in Gegenwart des Zimmerkollegen vornehmen, die natürlich zum Scheitern verurteilt sind, aber meist das erreichen, was sie erreichen sollen, nämlich die verstärkte Aufmerksamkeit der behandelnden Medizinerinnen und des Pflegepersonals auf die fast unerträgliche psychische Situation des Betreffenden.

Auch der Alkohol ist bei schweren Depressionen und Suizidgefährdung keine gute Option, vor allem in größeren Mengen. Hier sollte man das Trinken besser zur Gänze bleiben lassen. Alkohol hebt die Stimmung, lässt Probleme und Sorgen für eine gewisse Zeit vergessen. Viele Menschen werden unter seinem Einfluss aber erst recht sentimental und angerührt, stürzen in ein noch tieferes Loch. Viele Suizide passieren so auch in mehr oder weniger angetrunkenem Zustand, nicht zuletzt auch deshalb, weil Alkohol entsprechend enthemmt; dann ist der letzte Schritt oft kein so weiter mehr.

Der Weltsuizidpräventionstag am 10. September ruft immer wieder in Erinnerung, wie massiv belastet die Menschen in Österreich sind. 1276 Todesfälle durch Selbsttötung, darunter 36 Suizide von unter Zwanzigjährigen, waren 2022 zu gewärtigen. Viele davon, jedenfalls die auf Grund *psychischer* Erkrankungen, wären vermeidbar gewesen, wenn man rechtzeitig entsprechende Maßnahmen ergriffen hätte. Das ist erstens die rasche Gabe geeigneter Psychopharmaka gegen die belastenden Gedanken und Gefühle (gleich zur Hausärztin, nicht lange zuwarten), zweitens eine sofortige Stressreduktion und Entlastung des kranken Gehirns, um die Situation nicht noch weiter zu verschlimmern und auch möglichst rasch den Heilungsprozess einzuleiten; das heißt insbesondere: raus aus dem Job und dem Schulunterricht (nur ja nicht mit gut wirkenden Medikamenten sein Leben dann genauso weiterführen wie bisher, auch wenn die Versuchung groß sein mag). Drittens eine entsprechende Aufklärung über Depression und die ihr verwandten psychischen Leiden, wie vor allem die Schizophrenie und die Angststörungen (Vorschläge zu Fachlektüre für einen diesbezüglichen „Crash-Kurs" finden sich im 1. Kapitel des 4. Abschnittes dieses Buches), und dass es sich hierbei um Krankheiten handelt, die durchaus in absehbarer Dauer wieder ausgeheilt werden können (es ist unbedingt notwendig, möglichst rasch wieder eine Zukunftsperspektive zu finden; wer eine solche hat, bringt sich nicht um). Und viertens ein persönlicher Notfallplan für den Fall, dass man akut keinen Ausweg mehr sieht, das kranke Gehirn so schwer geschädigt ist, dass es nur mehr in eine finale Richtung denken kann. Hier besteht dann absolute Lebensgefahr! Daher bei schweren Depressionserkrankungen, die solche Zustände bereits erwarten lassen, immer ein rasch wirkendes Medikament verfügbar haben, das man gut kennt; wenn man keines hat, die Telefonnummer vom Ärztinnennotdienst immer am Handy; ggf. auch mit der Ambulanz schnellstens in ein psychiatrisches Krankenhaus (das wäre an sich das Beste, ist aber auch das Schwerste und Aufwändigste; dafür wird man stets eine kleine Tasche mit dem Notwendigsten gepackt bei der Hand haben, damit es dann ohne größeren Aufwand geht).

Suizidgedanken haben dabei nicht nur Erwachsene und Jugendliche, sogar jüngere Kinder können schon darunter leiden. Aktuelle Studien und Umfragen zeigen, dass beinahe 25 % (!) der Heranwachsenden hiervon betroffen sind, viele sogar mehrmals am Tag. Das heißt nichts anderes, als dass sie schwere depressive Erkrankungen aufweisen, die einer sofortigen entsprechenden Reaktion bedürfen. Unter Jugendlichen ist die Selbsttötung die zweithäufigste Todesursache. Um diese dramatische gesellschaftliche Entwicklung in den Griff zu bekommen, wird man mittelfristig um eine entsprechende Belastungsreduktion unserer Jungen, speziell in den Schulen, nicht herumkommen.

Hier ständig ausschließlich das Allheilmittel „Psychotherapie" für gefährdete Schülerinnen zu beschwören, ist auch keine Lösung. Man muss die *Ursache* des Problems, sprich die Stressüberlastung, angehen und nicht versuchen, den Schaden zu beheben, wenn der einmal angerichtet ist. Dann wird es nämlich schon schwierig und vor allem langwierig. Wie wenig die Psychotherapie i. Ü. generell bei Suizidgefährdung hilft, sieht man auch daran, dass trotz der Tatsache, dass es sie jetzt auf Krankenschein gibt, die Suizidzahlen nach fünf Jahren ständiger Verminderung im letzten Jahr wieder angestiegen sind. Insbesondere sind auch immer mehr Frauen betroffen, obwohl die tendenziell das Therapieangebot besser annehmen als die Männer.

Zuletzt noch an jede Depressionskranke, die einen Suizid ins Auge fasst oder so schwer leidet, dass man mit einem solchen jederzeit rechnen muss, ob spontan oder akut, der dringende Appell: Begib dich unbedingt in Behandlung!!! Es gibt heute bereits so viele Möglichkeiten zur Verbesserung und Ausheilung einer Depressionserkrankung, nicht nur Medikamente (die helfen ja leider nicht immer), da ist mit absoluter Sicherheit auch für *dich* das Richtige dabei. Jeder Suizid auf Grund von *psychischen* Problemen ist daher absolut **unnötig**. Auch bei jeder anderen schweren Erkrankung geht man ja selbstverständlich zur

Ärztin oder ins Krankenhaus, das sollte bei einer psychischen nicht anders sein. Die Depression ist eine läppische Botenstoffstörung im Gehirn, die ganz simpel durch zu viel Stress verursacht worden ist. Sie ist keine schicksalhafte angeborene und irreparable Beeinträchtigung des Gehirns. Das bekommt man wieder hin. Jede Depression, und mag sie noch so schlimm sein, ist heilbar, da braucht man nicht verzweifeln. Ich habe schon so viele Schwerdepressive erlebt, die komplett am Ende waren, die es auch wieder herausgeschafft haben, da sollst auch du dazugehören.

Gewichtszunahme

Es gibt vier Faktoren, warum Depressionskranke leichter Gewicht zunehmen:

- Man hat in der Depression weniger Lust auf Sport und körperliche Betätigung.
- Man hat mehr Appetit. Es scheint so, als ob der Körper, bedingt durch die psychische Erkrankung, sich mehr Fettreserven zulegen möchte.
- Manche Psychopharmaka begünstigen die Gewichtszunahme.
- Das Äußerliche und die Fettpölster am Körper sind der Kranken oftmals egal, sie hat ganz andere Probleme.

Es gibt eigentlich für viele psychisch Beeinträchtigte kaum eine Möglichkeit, ihr Gewicht wirksam zu kontrollieren. Sich laufend zu entsprechender körperlicher Betätigung zu überwinden, ist für die Depressive sehr mühsam. Auch das ständige Ankämpfen gegen den oft massiv gesteigerten Appetit kann die Erkrankung verschlechtern. Und wenn man gute Medikamente hat, die dick machen, muss man das auch oft so nehmen. Es bleibt daher meist nicht viel anderes übrig, als auf eine Besserung der Erkrankung zu warten, wenn man wieder mehr Lust und Energie für Sport hat, der Appetit sich wieder normalisiert, man keine Medikamente mehr nehmen muss und einem sein Aussehen wieder wichtiger ist und man entsprechende Motivation zum Abnehmen hat. Auch geht Abnehmen generell in guter psychischer Verfassung viel leichter. Speziell, wenn man aus irgendeinem Grund beruflich oder privat auf einer Erfolgswelle schwimmt oder gar verliebt ist, sollte man diese Phase durchaus zum Abnehmen nützen, wenn man es sonst einfach nicht schafft. Da hat man dann so viel Positives zum Denken, dass psychische Beschwerlichkeiten, wie ein Hungergefühl, völlig untergehen. Und wenn man das Abnehmen in den Urlaub verlegt, wo man keine sonstigen Belastungen hat, wird man sehen, dass das Ganze dann ebenfalls erheblich leichter geht. Stress macht Appetit und ist der größte „Feind" des Abnehmwilligen. Da hilft dann meist auch die ganze Motivation nicht.

Sollte einem sein Äußeres auch in der Depression nicht egal sein und man entsprechenden Anreiz zum Abnehmen haben, wird man wohl bei einer Kombination aus weniger Essen und mehr oder weniger regelmäßigem Sport landen. Wenn man es schafft, eine halbe Stunde leichten Sport am Tag zu machen, und auch noch die eine oder andere Mahlzeit auslässt bzw. reduziert – Frühstück, Mittag- oder Abendessen, was einem leichter fällt –, nimmt man zwar nicht so rasch ab wie beim „Schlankheitsinstitut", dafür bleibt regelmäßig auch der „Jo-Jo-Effekt" aus.

Auch der Gang zu einer Ernährungsberaterin ist manchmal angesagt, insbesondere dann, wenn man es mit dem Sporteln nicht so hat. Die bietet ein entsprechendes Ernährungsprogramm und steigert regelmäßig auch noch die nötige Motivation. Auch viele Prominente starten ihr Abnehmprogramm mit einem Personal Trainer, speziell wenn sie entsprechend viel Gewicht verlieren möchten.

Man darf sich allerdings keine falschen Hoffnungen machen: Ganz ohne Hungern abzunehmen wird nicht gehen (es wäre auch lebensgefährlich, wenn man nicht merken würde, dass man immer weniger wird). Der Körper registriert schon, ob er hochnährstoffreiche Nahrung, wie Brot, Kartoffeln, Reis, Nudeln, Süßspeisen, bekommt, kalorienarme, wie Gemüse und Obst, oder kalorienfreie, wie Blattsalate oder Spinat. Und ganz wichtig ist, Süßspeisen vorübergehend tunlichst zu minimieren; die machen erst recht Appetit bzw. das Hungergefühl setzt danach sehr viel rascher wieder ein als nach „herzhaften" Mahlzeiten. Außerdem ist die Gefahr einer Heißhungerattacke viel größer, wenn man mit Schokolade oder einer Torte anfängt, speziell wenn die psychische Verfassung einmal nicht so gut ist.

Körpersprache

Menschen fragen sich manchmal, warum es Tage gibt, an denen alle Leute einem offen und freundlich begegnen, und andere Tage, an denen alle einem etwas feindselig und abweisend erscheinen. Es liegt meist nicht an den anderen, sondern vor allem an einem selbst, an der eigenen Ausstrahlung, die nichts anderes ist als die vielzitierte „Körpersprache". Die entspricht dabei eins zu eins der aktuellen psychischen Verfasstheit. Ist diese schlecht, ist auch die Körpersprache dementsprechend negativ und andere Menschen reagieren mehr oder weniger zurückweisend auf einen. Fühlt man sich also nicht wohl, kann man das nicht vor anderen verbergen. Die kriegen das mit. Menschen lesen die Körpersprache eines anderen Individuums dabei unbewusst binnen Bruchteilen von Sekunden, sobald sie es wahrnehmen. In diesen wenigen Augenblicken entscheidet es sich, ob man die Betreffende grüßt, sie vielleicht sogar anlächelt oder ein Gespräch mit ihr beginnt oder ob man sich einfach unfreundlich wegdreht.

Die Depressionskranke hat dabei eine ganz eigene Körpersprache. Sie setzt sich aus den folgenden Komponenten zusammen, die sich individuell mehr oder weniger stark zeigen:

- Mimik: angespannt, Zähne zusammengepresst, Mundwinkel nach unten, verkniffener Blick, kein entspanntes Lächeln
- Stimme: leise oder auch besonders laut, hoch und gepresst, auch fordernd, aggressiv
- Bewegung, Gestik, Gang: verkrampft, hastig, zittrig, man geht am Rand des Weges, statt offensiv und selbstbewusst in der Mitte
- Körperhaltung: gebeugt, Kopf gesenkt, keine Körperspannung
- Blick: nach unten gerichtet, nur kurzes Aufblicken, kein Blickkontakt, ständig abschweifend
- Auf andere Zugehen: defensiv, abwartend, unsicher, kein Lächeln, keine Freude, Abstand haltend

Menschen glauben oft, anderen etwas an den Augen „ablesen" zu können. Dabei ist es allein die Körpersprache des Gegenübers, die man unbewusst wahrnimmt. An den Augen gibt es nicht viel zum Ablesen: Recht viel mehr als weit aufgerissen und zusammengekniffen geht da nicht. Und Augen „leuchten" auch nicht, wie man manchmal hört; Licht geht ausschließlich in sie hinein und nicht aus ihnen heraus. Aber den Augen und dem Blickkontakt gilt halt von Beginn einer Unterhaltung an die meiste Aufmerksamkeit. Zum Erkennen der psychischen Verfassung und der Stimmung eines Menschen ist allerdings die Mundpartie schon erheblich aufschlussreicher, die man allerdings nur unbewusst wahrnimmt. Deshalb dürfen auch Musliminnen in Österreich ihr Gesicht nicht verschleiern.

Manche Beraterinnen meinen, Tipps zu einer selbstsicheren, relaxten Körpersprache geben zu können. Das kann man getrost vergessen. Andere Menschen durchschauen gekünsteltes Auftreten binnen weniger Sekunden und reagieren dementsprechend ablehnend und zurückweisend. Körpersprache funktioniert unbewusst, sie ist nicht in ihrer Gesamtheit aktiv kontrollierbar. Das „Paket" muss stimmen, nicht einzelne Teile, die man mehr oder weniger erfolgreich versucht zu kontrollieren. Auch Anleitungen zum Lesen der Körpersprache bei anderen Individuen sind höchst überflüssig. Jeder Mensch kann das von Natur aus, das braucht er nicht zu lernen.

Der Mensch hat in seiner Genese gelernt, auf kleinste Nuancen in der Körpersprache anderer Menschen oder auch Tiere zu achten, um daraus schließen zu können, ob ihm das Gegenüber freundlich oder feindlich gesinnt ist oder ob ein Individuum des anderen Geschlechts an ihm interessiert ist; das war immer überlebenswichtig und hat sich bis heute erhalten. Ein Mensch kann auch bereits aus einer gewissen Entfernung an den Bewegungen und am Erscheinungsbild eines anderen dessen Absichten bzw. auch psychische Verfassung abchecken. Man sieht sie gehen und weiß schon, wie es um sie bestellt ist.

Eine natürliche, relaxte Körpersprache wird sich erst wiedereinstellen, wenn die depressive Erkrankung sich vollkommen verflüchtigt hat. Mit guten Medikamenten, die Wohlbefinden und Entspanntheit teilweise wiederherstellen, wird man bis dahin etwas „Kosmetik" betreiben können.

Depression und Beeinträchtigung

Es gibt sicher einige Auffälligkeiten und Eigenheiten im Denken und Handeln Depressionskranker, die in Summe bei einer Gesunden schon den Eindruck erwecken können, als sei die Kranke geistig mehr oder weniger schwer beeinträchtigt.

Durch die oft mit der Krankheit verbundene starke Labilität kann es durchaus vorkommen, dass die Betreffende innerhalb von ein paar Stunden ihre Meinung komplett ändert oder wie aus dem Nichts mit einer völlig neuen Idee für ihr Leben daherkommt, die sie dann am nächsten Tag schon wieder verwirft, was natürlich auf ihr Umfeld meist keine besonders vertrauenserweckende Wirkung hat.

Auch überbewertet sie immer wieder (negative, aber auch positive) Erfahrungen und Erlebnisse, andere Menschen und Situationen, in die sie gerät, bauscht unwichtige Dinge oft extrem auf, die für eine Gesunde nur Lappalien sind und worüber die dann voller Unverständnis ihren Kopf schüttelt. Sie „verrennt" sich in Sachen, die aus Sicht einer Gesunden gar keine Bedeutung haben.

Da auch die Belastbarkeit der Depressionskranken meist erheblich herabgesetzt ist, werden ihr Verhalten, ihr Auftreten oder ihre Äußerungen vor allem unter Stresseinfluss sehr leicht etwas „seltsam" und Gesunde haben ein – vermutlich angeborenes – Gespür dafür und nehmen sie oft schon nach sehr kurzer Zeit nicht mehr für voll. Es genügt manchmal schon ein auffälliger Tonfall in ihrer Stimme, eine unnormale Gestik oder gezwungene Körperhaltung, ein unnatürliches auf den anderen zugehen oder ein etwas eigenartiges Gesprächsthema. Vor allem in einer krankhaften Hochstimmung, einer Manie, sind Depressionskranke oft schon etwas gewöhnungsbedürftig.

Das große Problem ist, dass die Betroffene selbst diese Beeinträchtigungen kaum erkennt, sie ist da vollkommen Gefangene ihrer selbst. Das kranke Gehirn ist nicht zu einer entsprechenden Selbsterkenntnis in der Lage. Auch das lässt die Depressive in den Augen vieler Gesunder als „verrückt" erscheinen.

Selbst- und Fremdakzeptanz psychischer Störungen

Ein Hauptproblem bei einer Depression ist, dass die Betroffene selbst nur schwer akzeptieren kann, dass sie psychische Probleme hat. Manche geht sogar den umgekehrten Weg und sieht Menschen in ihrer Umgebung, die ihr nicht so liegen oder mit denen sie immer wieder Schwierigkeiten hat, als psychisch beeinträchtigt und einschlägig behandlungsbedürftig an, sich selbst dagegen hält sie für vollkommen gesund. Depression wird noch immer häufig als Schwäche oder eine Art Geisteskrankheit gesehen und wer ist schon gerne schwach oder verrückt.

Wie problematisch der Umgang mit psychischen Leiden noch immer ist, zeigt sich speziell bei anderen Formen, wie z. B. der Schizophrenie, psychotischen Störungen oder bipolaren Erkrankungen (früher sprach man da von „Manisch-Depressivem Irresein"). Bei deren bloßer Erwähnung bekommt die Unbedarfte auch heute im 21. Jahrhundert noch immer leichte Magenbeschwerden; nicht zuletzt deshalb, weil sie die organischen Grundlagen nicht versteht und das Ganze als wenig behandelbar und schon gar nicht heilbar ansieht.

Viele Menschen zeigen schon beim Hören einer einschlägigen medizinischen oder psychologischen Fachdiskussion in den Medien bzw. bei Schilderungen von Betroffenen massive Abwehrreaktionen, so als ob man sich hier anstecken könnte. Und die Sozialarbeiterin warnt jede ihrer „Klientinnen" eindringlich davor, bei Jobbewerbungen auch nur anklingen zu lassen, dass man psychisch beeinträchtigt ist oder war (es könnte ja jederzeit wiederkommen). Insbesondere Erkrankungen, wie eine Schizophrenie oder eine manisch-depressive Störung, sollte man einer Human-Ressource-Managerin beim Vorstellungsgespräch besser nicht „zumuten". Eine Depression nimmt manche dagegen schon eher. Ganz wichtig ist, dass man ihr glaubhaft versichern kann, dass die Erkrankung vollkommen ausgeheilt ist.

Viel zu einem etwas entspannteren Umgang mit psychischen Leiden hat die in den letzten Jahren aufgeflammte „Burnout"-Diskussion beigetragen. Man hat mittlerweile mit diesem Begriff wenig bis gar keine Probleme mehr (er gilt bereits als eigenständiges Krankheitsbild, das man ohne besondere Hemmungen auch als Krankenstandsgrund bei der Hausärztin und in der Firma angibt), obwohl er in schwereren Fällen ein durchaus umfangreiches „Programm" an psychischen Beeinträchtigungen umfasst (nicht nur Depressionen und Ängste, sondern manchmal durchaus auch psychotische Störungen). Aber so genau wissen die Leute ja nicht darüber Bescheid, wollen sie auch gar nicht.

Die gehen regelmäßig davon aus, dass es sich in erster Linie um Überarbeitung und Erschöpfung handelt, etwas, das ja die meisten auch von sich selbst kennen. Manche Unternehmerinnen stellen heute sogar schon bewusst Personen mit oder nach einem Burnout ein (man findet da immer wieder entsprechende Stellenanzeigen), da viele von ihnen ebenfalls bereits mehr oder weniger stark von dieser Erkrankung betroffen sind und wissen, dass man auch mit ihr, im Rahmen seiner Möglichkeiten, durchaus gute Arbeit leisten kann. Außerdem haben psychisch Beeinträchtigte oft andere Qualitäten, wie Empathie und ein freundliches und sensibles Wesen.

Depression: Definition

Zum Ende des ersten Abschnitts aus dem bisher Ausgeführten noch die folgende Definition der Depression:

Die Depression ist eine Erkrankung des Gehirns, die durch starke und/oder anhaltende Stressüberlastung verursacht und durch hohe individuelle Sensibilität und geringe psychische Belastbarkeit in ihrer Entstehung begünstigt wird, die sich in unterschiedlichen biologischen Funktionsstörungen in Gehirn (Reizleitung) und Körper (Psychosomatik) manifestiert, oftmals einen chronischen Verlauf nimmt und deren Hauptsymptome negative Gedanken bei begleitenden gefühlsbezogenen Beschwerden (Depressionen) sind.

ABSCHNITT 2: ANGSTSTÖRUNGEN

Angst und Unruhe

Viele Menschen leiden oft zusätzlich zu ihrer Depressionserkrankung unter einem dauerhaft erhöhten Angstpegel, besonders jene, die schon von Natur aus eher ängstlich sind. Wird das Ganze massiv, kann man von einer richtigen „Angsterkrankung" sprechen (die Fachliteratur verwendet hierfür den Begriff „generalisierte Angststörung"). Dazu kommen dann regelmäßig auch noch mehr oder weniger starke Nervositätszustände, innere Unruhe und Anspannung. Darüber hinaus gerät auch der Schlaf meist völlig aus dem Tritt.

Typisch sind Existenzängste, Angst, den Job, den Partner zu verlieren, Angst davor, dass nahestehenden Menschen, den Kindern, etwas zustößt (man stirbt tausend Tode, wenn sie einmal am Abend zur üblichen Zeit nicht nach Hause kommen oder länger nicht am Telefon erreichbar sind), Angst vor Menschen (Fremden generell, „Respektspersonen", Vorgesetzten, Leuten, die man gefühlt über sich stellt), Angst vor Nähe, Angst vor dem nächsten Arbeitstag, man befürchtet, sein Arbeitspensum nicht zu schaffen bzw. zur Zufriedenheit der Chefin zu erledigen, Angst vor der Schule und dem dortigen Leistungsdruck, aber auch so Triviales wie Angst, seine Post zu öffnen oder die Mails zu checken oder plötzliche Angstgefühle beim Klingeln der Türglocke oder dem Läuten des Telefons, da man ständig Unangenehmes erwartet.

Besonders drückend für die Betroffene ist die übersteigerte Angst vor anderen Menschen. Das Ganze hat nämlich regelmäßig zur Folge, dass man auch in seinem gesamten sozialen Leben mehr oder weniger stark beeinträchtigt ist. Die Kranke empfindet das Treffen von Leuten und die Kommunikation mit ihnen als unangenehm, anstatt es zu genießen. Sie vermeidet zwischenmenschliche Kontakte, wenn immer es geht (man erledigt so schon am frühen Morgen seine Einkäufe, wenn noch nicht so viele Menschen unterwegs sind und die Wahrscheinlichkeit, dass man Bekannte trifft, mit denen man reden „muss", eher gering ist). Schon das Finden von passenden Gesprächsthemen im „Ernstfall" bereitet ihr erhebliche Mühe, während es aus der psychisch Gesunden nur so „herausprudelt". Die Kranke hat als Folge davon auch keine Freundschaften mehr bzw. verliert diese, hat kaum mehr Kontakt nach außen. Lediglich mit Leuten, die sie schon lange kennt, die ihr entsprechend vertraut sind, bei denen sie sich aus Erfahrung sicher ist, mehr oder weniger gut anzukommen, das sind vor allem ihre engsten Verwandten, Eltern und Geschwister, kann sie noch einen zwanglosen Umgang pflegen. Speziell mit Menschen, die man hoch einschätzt, deren Meinung einem sehr wichtig ist, geht oft gar nichts mehr. Hier würde ja eine eventuelle Zurückweisung oder Geringschätzung besonders schmerzen.

Nicht in jedem Fall ist allerdings eine gewisse Reserviertheit, Scheu bzw. weniger Selbstvertrauen im Umgang mit anderen Menschen (manche hat halt kein so gewinnendes Auftreten) krankhaft, manchmal ist es auch einfach ein Persönlichkeitsmerkmal, welches man so nehmen und akzeptieren und nicht in jedem Fall mit viel emotionalem Aufwand und Psychotherapie zu ändern versuchen sollte. Manche redet halt einfach nicht so viel, ist eher introvertiert, hält sich lieber im Hintergrund, lässt in Gesellschaft regelmäßig den anderen den Vortritt. Jeder Mensch hat seine Stärken und Schwächen, seine Talente und Vorzüge, und es ist ja auch durchaus nicht gesagt, dass weniger Umgänglichkeit an sich eine Schwäche ist, auch wenn die Leutseligeren sehr schnell mit abwertenden Begriffen wie „maulfaul" oder „schmähstad" zur Stelle sind. Außerdem sind die selbst auch nicht vor Bezeichnungen wie „schwatzhaft" oder „Quasselstrippe" sicher.

Auch bei Angst- und Unruhezuständen hat man vor allem *einen* Botenstoff im Visier, das sogenannte GABA (der häufigste und bedeutendste Transmitter im Gehirn, macht 30 bis 40 Prozent des gesamten dortigen Botenstoffvolumens aus). GABA führt, in ausreichender Menge und Wirkung, zu Beruhigung,

Entspannung und Angstlösung, indem es die überschießende Reizung der Gehirnzellen unterbindet (speziell auch bei und nach Stresseinwirkungen, wenn das Gehirn entsprechend in „Aufruhr" gerät).

Aber auch hier dürfte die ganze Sache wieder komplexer sein, da auch Psychopharmaka, die bewiesenermaßen auf andere Botenstoffe als GABA wirken, einen angstlösenden und beruhigenden Effekt haben (dazu unten Kapitel „Erwartungsängste"). Die genauen Zusammenhänge harren noch immer einer endgültigen Klärung. GABA hat eine starke Nahebeziehung zum Serotonin, was sich nicht zuletzt darin zeigt, dass bestimmte Antidepressiva, die speziell auf diesen Transmitter wirken, auch bei Angststörungen die Mittel der Wahl sind bzw. dass Beruhigungsmittel (Tranquilizer, Benzodiazepine), die in erster Linie die sedierende und angstlösende GABA-Wirkung verstärken, auch antidepressiv wirken, besonders in schweren Fällen.

Auch übermäßige und dauerhafte Angst und Unruhe wird, wie die Depression, durch psychische Überlastung ausgelöst und chronifiziert sich häufig. Bei vielen Betroffenen zeigen sich dann auch Krankheitsbilder, die Anzeichen beider Störungen aufweisen, wobei die einzelnen Symptome für die Kranke subjektiv oft gar nicht mehr eindeutig voneinander abgrenzbar und einem *bestimmten* Leiden zuordenbar sind. Sie nimmt das Ganze häufig als *eine* Erkrankung wahr und gibt ihr den Namen ihrer Hauptsymptome. Diagnostiziert und vordringlich behandelt wird dann ebenfalls jene Erkrankung, deren Symptome im Vordergrund stehen. Meist die Depression, die ist einfach auffälliger.

Und auch die Risikofaktoren für Angsterkrankungen sind ähnliche wie für die Depression. Und auch hier sind nicht die auftretenden Angst*gedanken* das zentrale Problem, sondern das mit ihnen einhergehende unangenehme Gefühl, das oft bis zur Unerträglichkeit quält (bei der Matura unmittelbar vor dem Eintritt ins Prüfungszimmer) und das, unabhängig von konkreten Gedanken, sich immer gleich anfühlt (meist vom Bauchraum her ausstrahlt). Betroffene berichten dann auch meist über Angst*gefühle* und weniger über ihr Denken. Deshalb wird man auch hier mit der (kognitiven) Psychotherapie nur marginale Erfolge erzielen, das, vor allem, wieder in leichten Fällen.

Bei quälenden Ängsten und auch Sorgen (beide sind sich vom Gefühl her ja sehr ähnlich) fällt es oftmals schwer, auseinanderzuhalten, inwieweit sie gleichsam „real" sind oder nur Symptome und Folgen der Erkrankung, was sehr häufig der Fall sein wird. Viele psychisch entsprechend robuste Menschen, die alles leichtnehmen, aber insbesondere auch Kinder mit einem noch völlig intakten Gehirn haben mit diesen Gefühlen ja oft so gut wie gar kein Problem. Kinder sind klein und wirken schwach und zerbrechlich, sind aber regelmäßig erheblich psychisch stabiler und belastbarer als die meisten gestressten Erwachsenen. So ist die Kindheit oftmals eine unbeschwerte Zeit im Leben, die Sorgen kommen häufig erst im Erwachsenenalter, wenn die Psyche durch den ganzen Alltagsstress, dem man ausgesetzt ist, schon entsprechend beeinträchtigt ist.

Bei Angstgefühlen, wiederkehrenden Sorgen, Kummer, vor allem auch Schlafstörungen wird man mit Ausdauersport rasch spürbare Verbesserungen erzielen. Das geht so weit, dass die Beschwerden oft völlig verschwinden. Eine Erfahrung, die auch die sensible britische Popsängerin Adele gemacht hat (ihres Zeichens Oscar- und Golden Globe- sowie 15-fache Grammy-Preisträgerin, mit über 100 Millionen verkauften Tonträgern – und das bei gerade einmal 35 Jahren). Die hat vermeldet, dass sie keine Ängste hat, wenn sie Sport macht. Na bitte. (In ihrem Geschäft übrigens sicher nicht unwichtig.)

Zur dauerhaften Beseitigung einer Angsterkrankung und ihrer Begleiterscheinungen werden allerdings nur die im fünften Abschnitt dieses Buches angeführten Heilungsmechanismen führen. Die sind bei stressbedingten psychischen Erkrankungen, mit vor allem Botenstoffproblemen, fast universell einsetzbar.

Phobien

Phobien sind, im Gegensatz zu „genereller" Angst und Unruhe, situationsgebundene Ängste. Man unterscheidet hier drei Formen, nämlich die spezifische Phobie, die Agoraphobie sowie die soziale Phobie.

Spezifische Phobien sind übersteigerte Angstgefühle in Reaktion auf bestimmte Auslöser (es kommt hierfür fast alles im weitesten Sinn „Bedrohliche" in Betracht). Typisch sind und immer wieder genannt werden jedoch die Tierphobie (insbesondere Hunde, Spinnen, Vögel, Schlangen); die Angst in engen Räumen, Aufzügen, Stiegenhäusern, Autos oder auf weiten Plätzen; Angst vor Blut, Spritzen, Verletzungen, Arzt- und Zahnarztbehandlungen oder vor dem Krankenhaus; Angst vor Krankheitserregern bzw. davor, sich anzustecken; Angst vor Naturereignissen wie Gewitter, Dunkelheit, Sturm oder Wasser; Flugangst; Höhenangst; Angst auf Brücken. In allen diesen Fällen phobischen Empfindens wird man in erster Linie die Psychotherapie bemühen, die ist auf diesem Gebiet bereits sehr weit fortgeschritten.

Die Agoraphobie wiederum ist charakterisiert durch starke Angstzustände, die dann auftreten, wenn man die schützende eigene Wohnung verlässt und sich an belastende Orte oder in stressige Situationen begibt, von/aus denen ein rascher Rückzug nicht oder nur sehr schwierig bzw. unter besonderem „Auffallen" möglich ist. Auch für die individuelle Entwicklung dieser Form situationsbezogener Angst ist entsprechende Stressüberlastung ursächlich und auch sie chronifiziert sich häufig.

Phobische Reaktionen treten dabei namentlich vor allem auf weiten Plätzen und unter größeren Menschenansammlungen auf (griechisch „agora" heißt ja nichts anderes als „Marktplatz", „Versammlungsplatz"), aber durchaus auch in Geschäften, öffentlichen Gebäuden, Massenbeförderungsmitteln oder generell Orten, die mit erhöhter Stressbelastung verbunden sind (etwa Seminarräume, Arbeitsplatz). Sie zeigen sich dabei als eine Folge aus der Kombination situativer psychischer Beanspruchung

(z. B. Unwohlbefinden unter vielen Leuten) einerseits und dem Bewusstsein andererseits, dass man nicht gleich weg und zurück ins eigene Heim kann bzw. auch, dass sich der Weg dorthin entsprechend aufwändig gestaltet, weil man z. B. mit den Öffis angereist ist. Dass viele Menschen mit dem eigenen Auto in die Arbeit fahren, obwohl auch eine durchaus passende und billigere Bus- oder Bahnverbindung existiert, mag auch hierin eine Ursache finden.

Einmal ausgelöst lassen sich diese Zustände in ihrem Ablauf dann auch regelmäßig nicht mehr kontrollieren, das Ganze wird zunehmend dramatisch, steigert sich immer noch mehr und gipfelt im äußersten Fall in einem sog. „Nervenzusammenbruch" oder einer „Panikattacke". Rasche Hilfe bringen hier ausschließlich die sofortige Rückkehr in die vertraute Wohnumgebung sowie ein Beruhigungsmittel in entsprechender Dosierung (die Vorsichtige wird ein solches auch stets vorrätig haben). Je schlechter die psychische Belastbarkeit der Betroffenen, desto früher setzen die Angstzustände ein (man merkt dann von einem Augenblick auf den anderen: „So jetzt geht es los, jetzt muss ich schnellstens heim, sonst wird es sehr unangenehm."), desto massiver werden sie und desto schlimmeren Stress und Schaden für das Gehirn stellen sie dar, was dann die Erholungsphase im Anschluss entsprechend ausführlich gestaltet.

Der Kranken bleibt bei dieser Form der Angststörung letztendlich nur weitgehendes Vermeidungsverhalten als Alternative, dazu die mehr oder weniger starke prophylaktische Wirkung vor allem des Beruhigungsmittels (am Morgen vor einer starken Belastung eingenommen), die jedoch bei längerer Anwendung zusehends nachlässt, oder auch die des Antidepressivums, so lange, bis sich die Erkrankung entsprechend bessert bzw. ausheilt, was insbesondere durch die in diesem Buch angeführten Heilungsmechanismen in absehbarer Zeit möglich ist.

Besonders häufig und belastend ist auch die sog. „Sozialphobie". Darunter versteht man die (übersteigerte) Angst, auf andere einen negativen, weil unsicheren, unsympathischen oder inkompetenten Eindruck zu machen, von ihnen abgelehnt oder geringgeschätzt zu werden, auch sich zu blamieren. Sie zeigt sich nach außen in einer starken Schüchternheit und Gehemmtheit, einer Neigung zum Erröten, Zittern, zu unsicherem Sprechen. Sie tritt besonders häufig im Zusammenhang mit anderen Angststörungen (vor allem auch einer Agoraphobie) und depressiven Krankheitsbildern auf und verläuft nicht selten chronisch. Auch sie wird in erster Linie durch zu viel Stress ausgelöst (eine gewisse grundsätzliche Ängstlichkeit mag ebenfalls eine Rolle spielen).

Extrem problematisch sind für die Betroffene Situationen, in denen sie von mehr oder weniger Leuten (aufmerksam, prüfend) beobachtet wird, z. B. beim Halten einer Rede, eines Referats. Auch eine mündliche Prüfung, ein Vorstellungsgespräch, ein Termin bei der Chefin, bei der Ärztin, die (Chef-)Visite im Krankenhaus, ein Gerichtstermin werden oft als extrem belastend empfunden. Aber auch schon allein die *Vermutung*, von Menschen angesehen zu werden (im öffentlichen Verkehrsmittel, im Restaurant, bei Arbeiten im Freien, beim Gehen vorbei an Häuserfronten), kann schon mehr oder weniger intensive phobische Empfindungen auslösen. Sogar simple Gesprächssituationen sind oft bereits entsprechend unangenehm (typisch ist hier das Vermeiden des Augenkontakts, der ist einem fast unerträglich).

Von medikamentöser Seite werden bei sozialen Ängsten besonders die Beruhigungsmittel deutliche Hilfe bringen, sie lösen das Ganze aber nicht grundsätzlich. Auch den Antidepressiva wird häufig eine hilfreiche Wirkung attestiert (einfach probieren). Eine endgültige Beseitigung dieser belastenden Zustände ist regelmäßig nur dann möglich, wenn die zu Grunde liegende Störung im Gehirn (vermutlich wieder GABA-Probleme) ausreichend ausgeheilt ist. Dafür bieten sich auch diesmal wieder in erster Linie die in diesem Buch beschriebenen Heilungsmechanismen an. Eine Sozialphobie (oder auch eine Agoraphobie) mit einer Psychotherapie zu bekämpfen, ist meist sehr mühsam, langwierig und oft auch nicht von dauerhaftem Erfolg gekrönt. Daher unbedingt zuerst die organische Gehirngesundheit wiederherstellen. Alles Weitere ergibt sich dann von selbst.

Panikattacken

Panikattacken sind kurzzeitige Zustände extremer Angst, die abrupt und ohne Vorwarnung einsetzen, sich sekündlich immer mehr steigern, innerhalb von wenigen Minuten ihren Höhepunkt erreichen und dann wieder abklingen und ein äußerst unangenehmes Gefühl zurücklassen. Häufig damit verbunden sind körperliche Symptome wie Herzrasen, Atemnot, Beklemmung, Schwindel. Treten Panikattacken wiederholt auf, spricht man von einer Panik-*störung*. Panikattacken sind für die Betroffene extrem belastend, nicht nur die Attacken selbst, die fast unerträglich sind, sondern vor allem auch die ständige Angst vor ihnen, da sie jederzeit wie aus dem Nichts auftreten können, man nie vor ihnen sicher ist und es akut keine Hilfe gibt (Beruhigungsmittel haben eine zu lange Anlaufzeit). Sind sie einmal da, gibt es kein „Entkommen" mehr. Manche tut sich dann leichter, wenn sie sich in Gegenwart einer vertrauten Person, einer guten Freundin, dem Partner befindet, traut sich allein oft gar nicht mehr aus der Wohnung.

Panikattacken sind zu trennen von sog. „Angstattacken", massiven Angstzuständen (ein Angstgedanke jagt den anderen), die vor allem bei der psychisch Beeinträchtigten und Übersensiblen als unmittelbare Folge starker Stressbelastungen auftreten können und unbehandelt über Stunden andauern. Sie sind nicht so massiv wie Panikattacken, auch gibt es entsprechende medikamentöse Hilfe. Beruhigungsmittel werden das Ganze ggf. rasch wieder beenden.

Als Risikofaktoren für Panikstörungen werden genetische Einflussfaktoren vermutet, auch Temperamentsmerkmale (generelle Verhaltenshemmung), Erziehungsstil der Eltern (Überbehütung) oder Lernen von Bezugspersonen.

Letztendlich ursächlich ist wohl auch hier wieder eine starke und andauernde Stressbelastung, mit entsprechenden schädigenden Auswirkungen auf bestimmte Transmitter. Hauptbetroffen sind diesmal Noradrenalin und Serotonin (man hat hier – leider wieder einmal in Tierversuchen – überzeugende diesbezügliche

Erfahrungen gemacht). Auch wird diese Vermutung bestätigt durch das Ansprechen vieler Patientinnen auf Antidepressiva, die speziell das Serotoninsystem positiv beeinflussen. Und auch die Tatsache, dass Panikattacken sehr häufig zusammen mit anderen Angststörungen auftreten, lässt auf eine gemeinsame Ursache schließen. Ihr unvermitteltes Auftreten und rasches Ansteigen versuchen diverse psychologische Theorien zu erklären (etwa ein „Aufschaukelungsprozess" zwischen Angstgedanken und belastenden körperlichen Empfindungen, die sich gegenseitig immer mehr verstärken – sog. „Teufelskreis der Angst" – wird die Therapeutin sicher gerne näher erklären).

Es werden daher wiederum die Heilungsmechanismen, die eine anhaltende Konsolidierung des Botenstoffhaushaltes im Gehirn bewirken, wohl am effizientesten sein und zu einer, vor allem dauerhaften Beseitigung der Attacken führen. Psychotherapeutische Methoden haben sich hier ebenfalls als sehr wirksam erwiesen. Wer mag, kann solche ja gerne versuchen (allerdings ist hier nicht zuletzt die Überzeugung der Patientin Voraussetzung, dass das ganze Prozedere auch tatsächlich wirkt). Eine Behandlungsalternative, der eine hohe Bedeutung beizumessen ist, nicht nur in Zusammenhang mit Panik, ist die umfassende Aufklärung der Betroffenen über die Erkrankung, dass man ihr nicht hilflos ausgeliefert ist und dass es relativ schnell wirkende grundlegende Verbesserungsmöglichkeiten gibt (vor allem sportliche Betätigung).

Gedankenkreisen

Gedankenkreisen und die Unfähigkeit, abschalten zu können, zeigt sich verstärkt bei depressiven und insbesondere bei Angsterkrankungen. Ursache dafür ist starker Stress in Kombination mit einem konkreten belastenden Ereignis, einem Thema. Sei es ein unangenehmes Tageserlebnis, ein fachliches Problem in der Arbeit, beim Studium oder beim Lernen für die Schule, welches man nicht gelöst hat, das einen nicht zur Ruhe kommen lässt und einem den Schlaf raubt. Aber auch Traumata (Unfall, Gewalterfahrung, Katastrophen) und belastende Lebensereignisse (Scheidung, Kündigung) können entsprechend quälen. Besonders psychisch angeschlagene Menschen neigen verstärkt zu Gedankenkreisen. Da braucht es oft nur eine Kleinigkeit, um unangenehmes Grübeln anzustoßen. Bei psychisch vollkommen Gesunden dagegen muss der Anlass schon ein entsprechend massiver sein, um sie „zum Nachdenken" zu bringen.

Typisch für die Betroffene ist auch die verzögerte Reaktion auf erfahrene Beleidigungen oder Kritik. Man spricht dabei die Verursacherin oft erst Tage später darauf an, wenn einem die Tatsache, dass man nicht gleich entsprechend reagiert und sich gewehrt hat, einfach keine Ruhe lässt. Dasselbe gilt für eigene unpassende Verhaltensweisen oder unangebrachte Äußerungen, vielleicht unter Alkoholeinfluss auf der Betriebsfeier, für die man sich ebenfalls oft erst Tage oder gar Wochen später entschuldigt.

Nicht abschalten können nach einer starken Stressbelastung ist auch ein Signal dafür, dass das Gehirn noch entsprechenden Ruhebedarf hat, und man sollte sich immer erst dann erneut Belastungen aussetzen, wenn das verstärkte Grübeln wieder vollständig abgeklungen und das psychische Wohlbefinden wieder vollumfänglich hergestellt ist. Das ist aber, speziell für den erwerbstätigen Menschen, der jeden Morgen für neun Stunden in die Arbeit muss, oft nicht so leicht.

Gedankenkreisen an sich ist nicht unbedingt ungesund für die Psyche. Man kann davon ausgehen, dass sich das Gehirn nicht selbst schadet. Das intensive Denken soll nur den durch die Stressüberlastung angerichteten psychischen Schaden möglichst rasch wieder reparieren. Wenn das Ganze über längere Zeit geht und entsprechend ausgeprägt ist, ist als Nebeneffekt sogar regelmäßig eine erkennbare positive Auswirkung auf eine vorhandene chronische psychische Störung, wie eine Depression oder Angststörung, zu verzeichnen. Man sollte sein Gehirn daher gewähren lassen und den Selbstheilungseffekt nicht durch Medikamente oder Alkohol abwürgen. Lediglich zum Schlafen wird man sich wieder des Allheilmittels Ausdauersport oder ggf. eines Beruhigungsmittels bedienen.

Erwartungsängste

Unter „Erwartungsängsten" versteht man Nervosität und Anspannung vor stressigen Terminen oder Ereignissen, wie z. B. einer Prüfung (Führerschein, Schule, Studium, Beruf), einem Vortrag bzw. einer Rede vor vielen Menschen, dem Ausrichten einer größeren Veranstaltung, einem Vorstellungsgespräch, einem sportlichen Wettkampf, dem ersten Date, einer Übersiedlung anlässlich eines Wohnungswechsels, einem Prozesstermin oder einer Operation, aber auch einem unangenehmen Arztbesuch oder einem Termin am Amt. Massive Nervositätsgefühle bei Erwartungsängsten gehören wohl zum Unangenehmsten, was man sich vorstellen kann, sie gehen bei der Labilen im schlimmsten Fall bis zu Suizidgedanken.

Man braucht sich das Angstmachende dabei auch gar nicht laufend ins Bewusstsein zu rufen, es ist ständig da, man spürt es zunehmend, fühlt sich immer schlechter und elender dabei, kann es einfach nicht ausblenden und man braucht schon eine extreme Motivation, um das durchzustehen und nicht immer wieder Vermeidungsreaktionen zu setzen. Je näher das Unangenehme rückt, umso öfter malt man es sich dann auch in allen Details aus, um gleichsam auf jegliche Eventualitäten vorbereitet zu sein, man vergegenwärtigt sich immer wieder seine schlimmsten Befürchtungen, was das Ganze auch nicht besser macht.

Regelmäßige starke Erwartungsängste sind massiver Stress und können der Psyche erheblich zusetzen. Manche Prominente hat ihr Lampenfieber zu Alkoholikerinnen, Drogen- oder

Tablettenabhängigen gemacht und in weiterer Folge oft sogar das Leben gekostet.

Der Grund für diese massiven Abwehrgefühle mag darin liegen, dass sich das gestresste und überempfindliche Gehirn ständig entsprechend unangenehme, leidvolle und quälende Erfahrungen in vormalig gleichen oder ähnlichen Situationen (z. B. eine extrem anstrengende Prüfung, ein durchgezitterter Auftritt vor Publikum) mehr oder weniger bewusst für die Betreffende vergegenwärtigt und das labile Gehirn das oft nicht lange durchsteht.

Mit der Zeit treten zwar gewisse Gewöhnungseffekte auf: So wird die Abgeordnete vor ihrer ersten Rede im Parlament sicher nervöser sein als vor ihrer hundertsten. Bei der psychisch Labilen kann aber auch das Gegenteil eintreten. Es gibt Fälle, wo Studentinnen ihr Studium abbrechen mussten, weil die Nervosität vor Prüfungen ein nicht mehr erträgliches Ausmaß erreicht hatte, oder eine Berufstätige eine Beförderung ablehnen muss, da sie im neuen Job vor vielen Menschen reden müsste. So kann übermäßige Erwartungsangst einem die gesamte Lebens- und Karriereplanung verbauen. Auch das Selbstwertgefühl spielt in diesem Zusammenhang natürlich eine erhebliche Rolle; das ist bei der psychisch Beeinträchtigten aber regelmäßig entsprechend vermindert.

Es gibt zur Linderung von Erwartungsängsten verschiedene Medikamentenarten, die auf unterschiedliche Botenstoffe im Gehirn wirken. Ob es Antidepressiva (Serotonin), Beruhigungsmittel (GABA), Neuroleptika (Dopamin), das angstlösende Atarax (Histamin) oder auch Baldrian und Co. (wirken auf verschiedene Transmitter) bzw. eine Kombination aus mehreren davon sind. Man muss da entsprechend probieren, welche am besten helfen. In jedem Fall sollte man sich bei Erwartungsängsten nicht tagelang quälen, die Medikamente machen das erheblich erträglicher. Manche beruhigen sich auch mit Alkohol (der verstärkt ebenfalls die sedierende Wirkung von GABA). Ich denke, wenn man ihn gezielt einsetzt und das Ganze nicht ausartet oder zur Regel wird, ist es nicht verkehrt. Die Wirkung des Alkohols bei Nervositätsbeschwerden ist ohne Frage schon sehr deutlich.

Auch in die Zeit bis zum stressigen Termin immer wieder Tätigkeiten einschieben, die man gerne macht, lenkt das Denken vom Angstmachenden auf das Angenehme. Denselben Effekt erzielt man, wenn man für die Zeit nach dem belastenden Ereignis zur Belohnung eine kleinere Unternehmung plant (z. B. Einkaufsbummel, Tagesausflug), auf die man sich schon entsprechend freut. Auch Ablenkung mit Dingen, die körperlich oder geistig fordern, ist sehr wirksam. Manchmal ist auch das Verlassen der gewohnten Umgebung, welche das Gehirn schon mit psychischem Leiden assoziiert, bereits hilfreich, um ein „anderes Gefühl" zu bekommen. Außerdem sollte man zusätzliche stärkere Stressbelastungen im Vorfeld vermeiden, die einen weiter psychisch schwächen und labiler machen, vor allem das Lernen einige Tage vor dem Prüfungstermin sein lassen. (Und ein *bisschen* Nervosität schadet ja nicht, im Gegenteil: Dadurch wird die Leistungsfähigkeit entsprechend gesteigert und das Gehirn kann sein ganzes Potenzial und eventuell auch noch seine Reserven abrufen).

Eine besondere Form der Erwartungsangst, die viele kennen werden, ist die Angst vorm Montag, vor der beginnenden Arbeits- oder Schulwoche, die oft schon am Sonntagmorgen einsetzt und einem den ganzen freien Tag verdirbt. Freitagnachmittag und Samstag sind angenehm, aber der Sonntag ist oft schon mühsam. Man hat da auch keine Ablenkung durch die Arbeit und das Stimmungshoch im Feierabend fällt auch aus. Das Wochenende ist so häufig bereits wieder am Samstag zu Ende. Da neigen dann viele Menschen dazu, mehr oder weniger ausgiebig dem Alkohol zuzusprechen.

Das Einzige, das gegen die leidige Montagsangst kurzfristig deutliche Besserung bringt, sind alle Aktivitäten, die eine Ausschüttung von Glückssubstanzen im Gehirn zur Folge haben, insbesondere wieder der Sport, sofern man keine Medikamente nehmen will. Wenn man zwei, drei Mal am Tag rausgeht und eine Runde walkt oder radelt, macht das schon viel aus. Auch alle anderen glücklich machenden Tätigkeiten, die man selbst steuern kann, sind angesagt: Der Besuch der Kirchenmesse für die

Gläubige, der oft den ganzen restlichen Tag nachwirkt, ein Verwandtenbesuch, wenn man das mag, ein Spiel der Lieblingsfußballmannschaft im TV oder live im Stadion, auf das man sich schon entsprechend freut. Manche Menschen nehmen auch den Laptop zur Hand und erledigen diverse, während der Woche liegen gebliebene Arbeiten oder machen die Buchhaltung fürs eigene Geschäft.

Ausgeprägte Montagsangst ist ein deutliches Zeichen dafür, dass die psychische Beanspruchung im Job bzw. in der Schule in Summe zu groß ist, die Intensität zu hoch, die Belastungszeiten zu lange sind oder beides, und dass die Erholungsphasen nicht ausreichen, um den ganzen aufgeladenen Stress wieder zu kompensieren. (Auf lange Sicht bedeutet das, dass sich unweigerlich eine mehr oder weniger umfassende psychische Erkrankung aufbaut.) Das Gehirn wehrt sich gegen diese ständige Überbeanspruchung dann durch mehr oder weniger starke Abwehrreaktionen und Angstzustände, vor der kommenden Arbeits- oder Schulwoche, dem nächsten Tag. Hier hilft der Erwerbstätigen kurzfristig nur eine entsprechende Reduktion der Arbeitsintensität bzw. der Arbeitszeit, wenn das nicht möglich ist, ein anderer, weniger stressiger Job, auch ein (teilweiser) Rückzug in die Selbstständigkeit, wo man die Belastungen entsprechend dosieren kann, eventuell ein vorübergehendes Ausweichen auf den zweiten Arbeitsmarkt. Die Situation für die Schülerin ist da etwas schwieriger. Da man hier das Belastungsniveau nicht einfach beliebig vermindern kann, indem man weniger Schulstunden oder Prüfungen macht, bleibt oft als einzig machbare Alternative der Wechsel in eine einfachere Schule oder in einen Lehrberuf.

Übersteigerte Reizaufnahme

Eine weitere Folge von vermutlich unzureichender GABA-Wirkung, welche das Leben der Betroffenen sehr erschwert, ist die übersteigerte Reizaufnahme aus der Umwelt. Die Sinnesorgane funktionieren bei der Kranken nicht anders, lediglich die Wahrnehmung durch das Gehirn ist entsprechend überhöht. Dazu ist sie ständig in verstärkter Alarm- und Abwehrbereitschaft. So wird das Leben für sie sehr mühsam und aufwändig. Die intensive Reizaufnahme kostet viel Kraft und Energie. Die Kranke ermüdet rasch, das Ruhebedürfnis setzt bereits sehr früh am Tag ein, oft schon ein paar Stunden nach dem Aufstehen. Die verstärkte Reizaufnahme ist ein Automatismus, dem sie völlig ausgeliefert ist. Auch wenn sie noch so sehr versucht, sich dagegen zu wehren, ruhig und cool zu bleiben, es geht nicht.

Das Ganze ist oft auch mit entsprechenden körperlichen Symptomen, wie verstärktem Schwitzen, Zittern, Bewegungsdrang, unstetem Blick, „Tic"-Störungen bzw. einer angespannten und verkrampften Körperhaltung, verbunden. Man merkt der Kranken deutlich an, dass sie sich nicht wohlfühlt. Viele Betroffene versuchen dann, sich bewusst zu entspannen (es gibt auch genug in Seminaren oder Büchern vermittelte einschlägige Techniken und Übungen), nur es funktioniert meist nicht wirklich. Das Defizit im Gehirn, die „Chemie", ist einfach stärker. Und die Beruhigungsmittel sind hier leider auf Dauer auch keine Option; man wird sie nur dann einsetzen, wenn einmal ein besonders anstrengender Tag ansteht. Und andere Psychopharmaka helfen hier nicht.

Erst mit zunehmender Gesundung geht auch die verstärkte Reizaufnahme immer mehr zurück. Die ständige Beobachtung und intensive Wahrnehmung der Umwelt und seiner selbst darin vermindern sich sukzessive. Man merkt, dass man oft auch in Gegenwart anderer Menschen eigenen Gedanken nachhängt. Die Aufmerksamkeit für Umweltreize wird wieder auf ein normales Maß reduziert. Während sich die Kranke notgedrungen von der Außenwelt immer mehr zurückzieht, da sie sie einfach nicht mehr aushält, sich vornehmlich in ihrer Wohnung aufhält, die ihr vertraut ist und wo sie sich sicher fühlt und sich von Umweltreizen abschotten kann, wird der gesundende Mensch immer aktiver, geht wieder hinaus, hat Freude am Umgang mit anderen Menschen, setzt immer mehr Freizeitaktivitäten. Auch die physischen Stresssymptome gehen stetig zurück, was sein Umfeld zunehmend positiv registriert.

Man fühlt sich in der Gegenwart eines psychisch gesunden Menschen viel wohler als in der Gegenwart eines schon durch die normale Umwelt mehr oder weniger gestressten, unruhigen und aufgewühlten. Andere haben ein sehr feines Sensorium dafür, ob sich das Individuum in ihrer Gegenwart wohlfühlt und entsprechend entspannt und relaxed ist oder nicht. Man hat oft selbst Stress, wenn man sich vom anderen ständig intensiv wahrgenommen und beobachtet fühlt.

Das ganze derart komplexe Erscheinungsbild eines Menschen ist so nichts anderes als das Produkt eines mehr oder weniger einwandfrei funktionierenden Gehirns – so einfach und doch so kompliziert ist das.

ABSCHNITT 3: SONSTIGE PSYCHISCHE STÖRUNGEN

Schizophrenie

Nicht selten zeigt sich eine depressive Symptomatik auch in Kombination mit einer sogenannten „schizophrenen". Man spricht dann von einer „schizoaffektiven" Störung.

Auch bei der Schizophrenie vermutete man zunächst eine Beeinträchtigung eines bestimmten Botenstoffes im Gehirn, des Dopamins („Dopaminhypothese"). Hier allerdings keinen Mangel, sondern einen Überschuss bzw. eine Überempfindlichkeit. Heute geht man, wie auch bei der Depression und den Angststörungen, davon aus, dass die Sache viel komplexer ist. Dass Dopamin für die Schizophrenie eine wesentliche Rolle spielt, genau wie Serotonin für die Depression oder GABA für die Angststörungen, gilt aber als gesichert.

Die Symptome einer Schizophrenie, die besonders ins Auge fallen und zum Teil ein hohes Stigmatisierungspotential für die Betroffenen aufweisen, sind Wahn (Paranoia, Größenwahn, religiöser Wahn), Halluzinationen (optische und vor allem akustische), Störungen im Denken (Springen von einem Gedanken nicht nachvollziehbar auf den nächsten, unpassende Antworten auf Fragen), inadäquates Verhalten (Lachen beim Erzählen von traurigen Erlebnissen), Ich-Störungen (Gefühl, den eigenen Körper nicht mehr zu kontrollieren, der eigenen Person entfremdet zu sein, von außen gelenkt zu sein), Grimassenschneiden, exzentrisches Verhalten, Verharren in bestimmten, oft seltsamen körperlichen Stellungen. Bei weniger auffälligen Symptomen, die häufig der Erkrankung zugeordnet werden, wie Verlust an Freude, Antriebslosigkeit, Teilnahmslosigkeit, sozialem Rückzug oder erhöhter Suizidalität ist der Übergang zur Depression fließend.

Die beiden bekanntesten Symptome der Schizophrenie sind zweifellos der Verfolgungswahn und das Stimmenhören (tritt ausgesprochen häufig auf). Bei Ersterem kapriziert sich die Betroffene oft auf eine bestimmte Person in ihrem Umfeld, die ihr vermeintlich schaden will, der man nur das Schlimmste zutraut, die einem im Extremfall sogar nach dem Leben trachtet. Ebenfalls typisch paranoid ist die Angst, abgehört zu werden oder gar ins Visier einer dubiosen Organisation geraten zu sein. Aber auch das Stimmenhören ist äußerst unangenehm, da die „Stimmen" meist keine Freundlichkeiten von sich geben bzw. die Betroffene zu selbstzerstörerischem Verhalten auffordern. Allerdings verläuft auch hier die Symptomatik auf einem Kontinuum: Angefangen von einem als durchaus normal angesehenen „gesunden" Misstrauen, der Überzeugung, dass über einen geredet wird, man beobachtet wird, einem fälschlichen Hören des Handyklingelns, wenn man einen wichtigen Anruf erwartet, bis hin zu eindeutig pathologischen Empfindungen und Wahrnehmungen.

Es ist dann für die Außenstehende oft nicht wirklich nachvollziehbar, dass die ganze psychotische Symptomatik in nicht geringem Maße Folge von Botenstoffproblemen im Gehirn ist und die Betroffene nach der Einnahme entsprechender Medikamente bzw. dem Ausheilen der Erkrankung wieder zu einem völlig normalen Menschen wird. Die Schizophrene ist nicht verrückt, sondern krank. Leider ist in ihrem Fall das Gehirn und damit das Denken betroffen und so ist das Ganze für die Beobachterin schon etwas „schwere Kost". Aber auch jedes andere kranke Organ zeigt entsprechende Beeinträchtigungen in seinem Funktionieren, nicht nur das Gehirn, das nimmt auch jeder als selbstverständlich hin.

Verursacher und Auslöser der Erkrankung ist, ähnlich wie bei der Depression und den Angststörungen, häufig starke und/oder anhaltende Stressbelastung, die nicht selten auch zu einer Chronifizierung führt. Als Risikofaktoren gelten vor allem Traumata (massive Gewalteinwirkung, Unfälle, Lebensgefahr), kritische Lebensereignisse (Todesfall, Scheidung, Arbeitsplatzverlust), niedriges grundlegendes Selbstwertgefühl, aber auch eine bestimmte ethnische Zugehörigkeit (westliche Industrienationen sind hier benachteiligt, die Gründe dafür weiß man noch nicht genau), städtische Umgebung, soziale Widrigkeiten, wie Diskriminierung, niedrige soziale Stellung und sozialer Ausschluss (oft bei Migrantinnen) oder Minderheitenstatus. Aber auch die Erblichkeit spielt eine bedeutende Rolle.

Behandelt wird Schizophrenie regelmäßig mit Medikamenten, hier vor allem den Neuroleptika, welche die anregende Wirkung des Dopamins hemmen. Die haben dazu auch eine generell beruhigende, entspannende und schlaffördernde Wirkung, sie erhöhen das allgemeine Wohlbefinden und haben sogar auf psychische Belastbarkeit und Ausdauer deutlich positive Auswirkungen (vor allem bei ängstlicher Unruhe und Anspannung durchaus einmal einen Versuch wert).

Neuroleptika haben weder eine Abhängigkeits- noch eine Gewöhnungswirkung, sind jedoch, vor allem bei längerer Einnahme (ggf. über Jahrzehnte bei chronischen Erkrankungen), nicht unproblematisch, da sehr unangenehme Spätfolgen auftreten können, insbesondere bei älteren Präparaten, die aber dennoch nach wie vor gegeben werden, da sie oft sehr wirksam sind. Manche Mittel führen leider auch zu einer starken Gewichtszunahme.

Und auch die Psychotherapie, speziell die o. a. kognitive Therapie, findet zunehmend Anwendung. Allerdings muss zu dieser auch hier kritisch angemerkt werden, dass sie lediglich marginale Effekte auf die organischen Ursachen der Erkrankung hat und in erster Linie Symptombekämpfung ist. Auch behandeln viele Therapeutinnen Schizophrene grundsätzlich nicht.

Ganz und gar abzulehnen ist jede Form von Zwangsmedikation. So weit ist die Medizin noch lange nicht, dass man sich absolut sicher sein kann, dass bestimmte (medikamentöse) Therapien definitiv richtig und förderlich sind und man sie, auch gegen den Willen der Patientin, anwenden muss. Wenn die nicht will, wird man das akzeptieren müssen. Vor allem die Tatsache, dass wir in den westlichen Ländern mit psychotischen Störungen weitaus mehr Probleme haben als die Entwicklungsländer, wird oft auf die exzessive Anwendung von Psychopharmaka zurückgeführt.

Ich vermute allerdings eher, dass die Ursache dafür darin zu suchen ist, dass der Stressfaktor in unseren Breiten ein viel höherer ist, vor allem in den städtischen Ballungsräumen.

Mir ist schon klar, dass man geistig entsprechend beeinträchtigte Personen möglichst rasch wieder in einen halbwegs normalen Zustand überführen und auch langfristig in einem solchen erhalten will und deshalb zunächst auf Medikamente setzt, mit denen das einfach, rasch, dauerhaft und nicht zuletzt auch kostengünstig möglich ist. Dazu sind auch Ärztinnen nur Menschen, die auch lieber mit vernünftigen, einsichtigen und vor allem berechenbaren Patientinnen zu tun haben. Aber speziell bei chronischen Fällen sollte man doch Alternativen andenken. Man kann davon ausgehen, dass insbesondere auch hier wieder die in diesem Buch beschriebenen Heilungsmechanismen zu einer entsprechenden Verbesserung und letztendlich Ausheilung einer schizophrenen Störung führen, da sie ja die psychische Gesundheit umfassend fördern. Speziell für moderaten Ausdauersport ist das bereits belegt.

Hemmungen, Zwänge, Zwangsstörungen

Hemmungen bewirken, dass der Mensch Dinge nicht tut, die er eigentlich gerne tun würde. Zwänge bewirken genau das Gegenteil: Der Mensch macht Dinge, die ihm unangenehm sind und Stress bereiten.

Hemmungen und Zwänge sind Ergebnisse von Veranlagung, Erziehung und Sozialisation. Sie sind ein Wesensmerkmal des hochentwickelten menschlichen Gehirns. Sie bewirken zukunftsorientiertes, strategisches Verhalten: Der Mensch verzichtet kurzfristig auf psychisches Wohlbefinden bzw. nimmt Stress und Belastungen auf sich, um langfristig davon zu profitieren. Hemmungen und Zwänge bewirken vor allem auch soziales

Verhalten, um so aus der Gemeinschaft mit anderen entsprechend Nutzen zu ziehen. Man lässt im Geschäft nichts mitgehen, ohne zu bezahlen (obwohl es oft ganz einfach wäre), um nicht im Falle des Erwischtwerdens von der Gesellschaft ausgegrenzt zu werden und ihre Unterstützung zu verlieren. Man lernt in der Schule manchmal, bis einem der Kopf raucht, um später einmal für die Gesellschaft nützliche Leistungen erbringen zu können. Ein Zuviel an Hemmungen und Zwängen kann eine psychische Erkrankung begründen bzw. selbst Merkmal einer solchen sein.

Als Zwangs*störungen* bezeichnet man einerseits Verhaltensweisen, die man als mehr oder weniger unsinnig ansieht, die man aber trotzdem setzt, da ein Nichttun als psychisch sehr belastend empfunden wird. Andererseits versteht man darunter Gedanken, die plötzlich und ohne jede Vorwarnung auftreten und die einem mehr oder weniger unangenehm sind, die man einfach „nicht mag" oder für die man sich sogar schämt. Zwangsstörungen, besonders wenn sie sehr intensiv sind, können das Leben der Betroffenen doch deutlich beeinträchtigen. Auch sie treten häufig in Kombination mit anderen psychischen Leiden, wie Depression oder Angststörungen, auf. Auch weisen die meisten Betroffenen gleich mehrere davon auf. Zwangsgedanken und Zwangshandlungen zeigen sich oft gemeinsam, letztere als Folge von ersteren (Reinigungszwänge bei der ständigen Befürchtung, sich mit irgendwelchen Krankheiten anzustecken).

Typische Beispiele für Zwangs*handlungen* sind Putz- und Waschzwang (ständiges Händewaschen, drei Mal Duschen am Tag, immer nochmaliges Reinigen der inzwischen fast klinisch sauberen Wohnung), das Horten von kaum mehr werthaltigen Gegenständen, die man aber eventuell „noch einmal brauchen könnte" (irgendwann ist dann der Keller bis zur Decke mit Gerümpel gefüllt), Ordnungszwänge (Bücher im Regal, Kleidungsstücke im Kasten), Wiederholzwänge (Zähneputzen systematisch nach gezählten Wiederholungen), Zählzwänge (vorbeifahrende Autos eines bestimmten Fabrikats), Kontrollzwänge (Befürchtung, nach dem Verlassen der Wohnung den Herd nicht ausgeschaltet zu haben, die Wohnungstür nicht versperrt, eine Kerze nicht gelöscht zu haben), Kauf- und Bestellzwänge (an manchen Tagen bringt der Zustelldienst drei Pakete auf einmal), auch besondere Langsamkeit, Bedächtigkeit und Akribie (man braucht eine halbe Stunde für das Schneiden einer Zwiebel) gehört hierher. Auch das Erbrechen nach Essattacken, die Selbstverletzung, lästige „Tic"-Störungen (ständige unwillkürliche Bewegungen mit den Füßen oder Händen, die sich einfach nicht abstellen lassen), „Ohrwürmer" (Melodien, die man am Morgen im Radio hört und die einem den ganzen Tag nicht aus dem Kopf gehen), Sammelleidenschaft, Perfektionismus im weitesten Sinne oder auch bestimmte Rituale haben etwas Zwanghaftes an sich. Sogar ein dauerndes Niederlegen, speziell nach Stresssituationen, kann zwanghaft werden und man kann in der Folge sein Leben irgendwann nur noch auf der Couch oder gar im Bett verbringen.

Der Drang zu Zwangshandlungen ist dann besonders stark, wenn man sich psychisch schlecht fühlt oder entsprechend Stress gehabt hat. Hier stellt sich dann ein gewisses Gefühl der Erleichterung und Befreiung ein, welches jedoch, im Gegensatz zur Wirkung von *Suchtsubstanzen* und endogenen Glücksstoffen, meist nicht allzu deutlich ausfällt, oft kaum merkbar und häufig auch nur von sehr kurzer Dauer ist.

Beispiele für reine Zwangs*gedanken*, denen regelmäßig keine Ausführungshandlungen folgen, sind vor allem Gewaltfantasien sich selbst und anderen gegenüber; auch sexuelle oder religiös-blasphemische Inhalte sind nicht selten (alles, was verboten oder verpönt ist). Auch hier wird man bei und nach Stressbelastungen mit einem gehäuften und besonders intensiven Auftreten rechnen müssen. Während man manchen Zwangs*handlungen* noch eine *gewisse* Sinnhaftigkeit unterstellen kann (saubere Wohnung, gepflegtes Erscheinungsbild, Ordnung im Bücherregal oder im Kleiderkasten, Schadensvermeidung, fehlerfreies Arbeitsergebnis) und sie auch bedingt erklärlich sind (kurzfristige, wenn auch geringe Verbesserung der psychischen Befindlichkeit), sind Zwangs*gedanken* nur störend und lästig, einfach „blöd" und entbehrlich (hier besteht eine große Ähnlichkeit zu Depressionen).

Bei Zwangsstörungen hat jede Betroffene meist ihr eigenes ganz spezielles „Programm" und entwickelt auch oft völlig neue zwanghafte Handlungen und Vorstellungen, die auch nicht immer in die obigen Schemata passen müssen. Das kranke Gehirn ist hier sehr erfinderisch. Man kann sich da durchaus einmal selbst aufmerksam beobachten, ist ganz interessant.

Da auch Zwangsstörungen zu den stressbedingten Erkrankungen zählen, werden sie durch die Heilungsmechanismen, die dieses Buch beschreibt, regelmäßig völlig beseitigt. Von medikamentöser Seite sind in erster Linie die Antidepressiva angesagt, die jedoch wiederum nur die Symptomatik und nicht die Störung im Gehirn positiv beeinflussen. Sogar die „Psychochirurgie", bei der bestimmte Teile des Gehirns irreparabel zerstört werden, sowie die Hirnstimulation mit der Implantation von Elektroden kommen in schweren Fällen zum Einsatz. (Ich kann mir allerdings kaum einen Anwendungsfall für chirurgische Eingriffe vorstellen, da mit den übrigen hier angeführten therapeutischen Maßnahmen jede einschlägige Erkrankung auszuheilen sein sollte.)

Man muss sich für solche „Anwandlungen" auch in keiner Weise genieren: Sie sind keine Geistesstörung, sondern gehen einfach mit dem psychisch kranken Gehirn einher. Man wird auch mit Zwangsstörungen dann viel besser umgehen können, wenn man sich ihr Herkommen und ihre Ursachen bewusst vor Augen führt und ihnen nicht mehr oder weniger hilflos ausgeliefert ist (ähnlich wie bei psychosomatischen Beschwerden).

Die manchmal etwas seltsame und oft aggressionsgeprägte Gedankenwelt vieler psychisch Beeinträchtigter dürfte auch Ursache dafür sein, dass viele Menschen intuitiv jeden näheren Kontakt mit ihnen scheuen. Da kann man dann schon einmal hören: „Mit Depressionen will ich nichts zu tun haben." Es gibt aber im Gegensatz dazu auch viele Menschen, vor allem entsprechend geschulte wie Psychologinnen oder auch Sozialarbeiterinnen, die genau die gegenteilige Reaktion zeigen, offenes Interesse für die Erkrankung und die Beschwerden der Betroffenen an den Tag legen und einen völlig entspannten Umgang mit ihnen haben. Insbesondere psychisch mehr oder weniger Angeschlagene, die schon ein entsprechendes Bewusstsein für ihre Erkrankung haben und einfach mehr darüber wissen wollen, nicht nur beruflich, sondern auch im eigenen Interesse, seien hier genannt.

Persönlichkeitsstörungen

Wenn man über lange Jahre, oft Jahrzehnte, regelmäßig und dauerhaft zu viel Stress ausgesetzt ist, kann sich die Persönlichkeit eines Menschen mit der Zeit massiv verändern. Vorhandene Persönlichkeitsmerkmale können sich mehr oder weniger stark überhöhen: Die nicht so Gesellige und Kommunikative wird zum gemiedenen Sonderling, ein Mensch mit geringem Selbstwertgefühl wird völlig selbstunsicher, die Genaue und Aufmerksame wird zur Pedantin oder ein aggressiver Mensch zum gemeingefährlichen Psychopathen.

Ich muss da immer an einen Bekannten von mir denken, dessen Entwicklung ich über eineinhalb Jahrzehnte verfolgt habe, der auch ein richtiges Stressleben hatte, ohne viel Möglichkeit, sich wirklich zu entspannen und psychisch zur Ruhe zu kommen. In seinem Beruf war er ständig starken Belastungen ausgesetzt, während seiner freien Zeit zu Hause in einer Patchworkfamilie hat er sich nie richtig wohlgefühlt, hat die fremden Kinder einfach nicht ertragen. Allein leben wollte er aber auch nicht. Er konnte nicht mit den Menschen um sich, aber auch nicht ohne sie. Er war im Dauerstress. Während man in den ersten Jahren noch durchaus einen normalen Umgang mit ihm pflegen konnte, er sogar gelegentlich gelacht und Spaß gehabt hat, ist er über die Jahre zu einem richtigen Psychopathen geworden, bei dem man immer Angst haben musste, dass er einmal durchdreht. Zum Glück ist es nie passiert.

Es ist sehr schwer, solchen Menschen (rechtzeitig) zu helfen. Sie sehen sich regelmäßig nicht als psychisch beeinträchtigt bzw. gefährdet oder gar schon krank. Der Stress, dem sie dauernd ausgesetzt sind, ist oft so unterschwellig, dass sie ihn nicht wirklich als belastend empfinden; auch ist das Ganze dann meist irgendwann so verfestigt, dass man nur mehr sehr schwer gegensteuern kann. Viele, die zwar mit ihrer psychischen Verfassung nicht wirklich zufrieden sind, halten sich auch einfach für so „konstruiert" oder veranlagt.

Dabei würden sich mit dem Ausheilen der zugrunde liegenden Störung im Gehirn auch die Persönlichkeitsveränderungen wieder rückstandslos zurückbilden, der Mensch würde wieder der, der er ursprünglich war. Den Weg dorthin weisen dabei wieder einmal die in diesem Buch aufgezeigten Heilungsmechanismen, neben einem Entkommen aus der Stressspirale, das ist natürlich unerlässlich.

Auch die medizinische Wissenschaft hat sich mit dem Thema ausführlich auseinandergesetzt. Man hat dabei zehn Arten von Persönlichkeitsstörungen identifiziert, die auch der einen oder anderen Leserin bekannt vorkommen werden: Die „paranoide" mit starkem Argwohn und Misstrauen, die „schizoide" mit allgemeinem Desinteresse an sozialen Beziehungen, eingeschränkten emotionalen Ausdrucksmöglichkeiten, die „schizotypische" mit verminderter Beziehungsfähigkeit, einer Verzerrung in Denken und Wahrnehmung und Eigentümlichkeiten im Verhalten, die „antisoziale" mit der Missachtung der Rechte anderer Personen, die „histrionische" mit stetigem Heischen nach Aufmerksamkeit, die „narzisstische" mit übersteigertem Selbstwertgefühl und dem ständigen Bedürfnis, bewundert zu werden, die „vermeidend-selbstunsichere" mit diversen Hemmungen, Gefühlen von Unzulänglichkeit und Überempfindlichkeit gegen negative Bewertung, die „dependente" mit stark unterwürfigem Verhalten, die „zwanghafte" mit Neigung zum Perfektionismus sowie die sehr häufig diagnostizierte „Borderline-Störung" mit Instabilitäten im Selbstbild oder in zwischenmenschlichen Beziehungen, extremen Stimmungsschwankungen und Impulsivität.

Von einer Persönlichkeitsstörung wird man hier allerdings nur dann sprechen können, wenn die vorliegende Symptomatik entsprechend ausgeprägt ist. Auch hier verläuft das Ganze wieder auf einem Kontinuum, von normalen Charaktereigenschaften über die Symptomatik „herkömmlicher" psychischer Erkrankungen bis hin zur definitiv gestörten Persönlichkeit.

ABSCHNITT 4: URSACHEN UND BEGÜNSTIGENDE FAKTOREN

Stress

Stress ist die Hauptursache für psychische Erkrankungen, vor allem auch für Depression und Angststörungen. Wie er dabei im Einzelnen schädigend auf das Gehirn einwirkt, wie vor allem der Botenstoffhaushalt durch negative Gefühle, Empfindungen, Emotionen, Erlebnisse, Erfahrungen, durch belastende Zustände, Tätigkeiten, Lebensumstände (dauerhaft) in seinem Funktionieren gestört wird (wie also die Psyche die Physis verletzt und die wieder zurück auf sie ausstrahlt), weiß man nicht. *Akute* Stressbelastungen wirken dabei extrem rasch und unmittelbar, das geht von einer Sekunde auf die andere, schon sind entsprechende depressive Gedanken da – und auch gleich wieder weg (hier genügt bei der psychisch Labilen oft bereits eine minimale Beanspruchung, wie das Heben eines schweren Gegenstandes). *Latente* Stressbelastungen „färben" das Denken dagegen eher langsam immer mehr ins Depressive, man merkt das Ganze erst, wenn es entsprechend massiv geworden ist. Dann ist aber der Schaden bereits angerichtet und man braucht eine entsprechend lange Zeit zur Erholung und Regeneration.

Stress kann sich ergeben bei

- akuten Gefahrensituationen (mit starker Ausschüttung von Stresshormonen, was zu Anspannung, Wachheit, ggf. Fluchtverhalten oder auch Abwehr- und Kampfbereitschaft führt);
- physischer Beanspruchung (schwere körperliche Arbeit, intensiver Sport);
- geistiger Anstrengung (schwieriger Lernstoff);
- emotionaler Belastung (Verlust, Trennung, Enttäuschung, Frust, Unzufriedenheit, Mitleid);

- Angst (oft auch wenig bewusst, z. B. in öffentlichen Verkehrsmitteln oder ständig im Umgang und engeren Kontakt mit fremden Menschen);
- Erwartungsängsten, Nervosität und Anspannung (vor wichtigen Terminen, Fußballtrainerin während eines Spiels);
- erhöhter Leistungsbereitschaft (Prüfung, Wettkampf, Zeitdruck);
- körperlichen Leiden (anhaltenden starken Schmerzen und belastenden Zuständen);
- sozialen Widrigkeiten (Mobbing, niedrige soziale Stellung);
- Umgang mit anderen Menschen (nervigen Vorgesetzten, Kundschaften, Geschäftspartnerinnen, Arbeitskolleginnen; Menschen, die man gefühlt über sich stellt oder die man einfach nicht mag);
- belastenden Umwelt- und Arbeitsbedingungen wie großer Hitze oder Kälte, Gefahren, erheblicher Verunreinigung von Körper und Bekleidung;
- Überbeanspruchung der Sinnesorgane (zu viel Fernsehen, laute Musik, Lärm).

Welche Form der beiden Hauptstressarten (geistig oder physisch) einem grundsätzlich mehr zu schaffen macht, was nicht zuletzt auch für die Berufswahl entscheidend ist, hängt in erster Linie vom Menschentypus ab, der sich – was die Männer betrifft – über die Jahrtausende ganz wesentlich verändert hat:

- Zuerst war da der schlanke, drahtige Jäger. Schläue, Geschicklichkeit und scharfe Sinne für die Jagd, dazu eine feine Wahrnehmung zur rechtzeitigen Erfassung von Gefahren in einer feindlichen Umwelt waren seine hervorstechendsten Eigenschaften. Sein Gehirn war ständig aktiv. Dagegen war ihm jedes Kilo überflüssige Muskulatur, welches er mit sich herumtragen musste, nur hinderlich. Sein Nachfahre ist heute White-Collar-Worker, Lehrer, Ingenieur, Künstler, Wissenschaftler. Leider ist sein hochentwickeltes, sensibles Gehirn auch entsprechend psychisch verletzlich.

- Nach ihm kam der Ackerbauer, Viehzüchter und Krieger. Kräftig, belastbar, mit ausgeprägter Oberkörpermuskulatur. Seine Physis war wie geschaffen für schwere Arbeit und Kämpfen. Denken war da nur hinderlich. Sehen und Hören war völlig ausreichend, mehr Gehirnaktivität nicht notwendig und nur Energieverschwendung. Er konnte auf Dauer monotone körperliche Tätigkeiten, speziell in der Landwirtschaft, verrichten, die sein Vorgänger nicht hätte machen können, ohne dabei langfristig psychischen Schaden zu nehmen. Dazu lebte er unkontrolliert seine Aggressivität in kriegerischen Auseinandersetzungen aus. Auch er hat die Zeit überdauert, ist heute Blue-Collar-Worker, Bauarbeiter, Soldat, Kraftsportler, Model, Hollywoodschauspieler. Sein muskulöser Körperbau gilt bis heute für viele als männliches Schönheitsideal, vor allem für junge und wenig selbstbewusste Männer. Frauen dagegen ästimieren ihn zunehmend weniger, da sie ihn intuitiv mit geringer Intelligenz und erhöhter Aggressivität assoziieren.

In den letzten Jahrzehnten ist es dann zum zweiten Mal in der Menschheitsgeschichte zu einer dramatischen Änderung der Lebenswelten gekommen, und zwar durch die Umstellung von überwiegend körperlicher auf geistige Arbeit und die fortschreitende Digitalisierung. Wie wenig der heutige Mensch noch an diese neuen Gegebenheiten angepasst ist, zeigt sich nicht zuletzt daran, dass die meisten Berufstätigen bereits an Burnout-Symptomen leiden. Unsere Großeltern- und z. T. auch noch Elterngeneration, die im Wesentlichen in der Landwirtschaft und in den städtischen Fabriken fast ausschließlich manuell tätig war und dort durchaus auch den ganzen Tag lang schwer gearbeitet hat, kannte so etwas wie Depressionen noch gar nicht.

Wie in der Frühzeit ist auch heute wieder zunehmend der denkende Mensch gefragt, der jedoch auch kein Problem damit hat, den ganzen Arbeitstag am PC zu sitzen. Es kommt quasi zu einer Renaissance des urzeitlichen Jägers, allerdings mit der psychischen Belastbarkeit seines Nachfolgers, des Schwerarbeiters.

Es wird wohl noch lange dauern, bis sich die Menschheit durch die Mechanismen der Evolution auch an diese neuen Umstände angepasst hat.

Der weibliche Körper und Verstand haben sich dagegen in der Menschheitsgeschichte nicht verändert, es gab auch zu keiner Zeit eine Notwendigkeit dafür. Lediglich emotional haben sich die Frauen zum Teil umorientiert: Es gibt heute immer mehr „starke" Persönlichkeiten unter ihnen, die auch entsprechende Führungsansprüche stellen. Leider sind solche Frauen für uns Männer nicht so attraktiv, sodass sie ihre Gene nur unzureichend weitergeben. Aber das kann sich ändern.

Frauen waren immer gescheit, Trägerinnen der Kultur, gaben ihrer Nachkommenschaft die verschiedensten zum Überleben notwendigen Fertigkeiten weiter. Sie haben sich aber durchaus auch an der Jagd beteiligt, die war keine ausschließliche Domäne der Männer. In der heutigen Zeit haben sie bei der Anzahl der Maturantinnen und Akademikerinnen die Männer längst überflügelt und auch als Politikerinnen und Vorgesetzte werden sie zunehmend geschätzt, da sie viel weniger aggressiv sind (was würde sich die Menschheit an Not und Elend ersparen, wenn die Frauen das Sagen hätten; man kann sich nur wünschen, dass es irgendwann so weit ist).

Das menschliche Gehirn hätte an sich ein sehr feines natürliches Sensorium für Stress (man sieht das sehr deutlich beim kleinen Kind, das einfach losplärrt, wenn ihm etwas nicht passt). Die soziale Lebensweise des Menschen hat dazu geführt, dass er gelernt hat, seine Gefühle zu beherrschen, Negatives mehr oder weniger emotionslos hinzunehmen, sich zu vielen Dingen aufzuraffen und zu überwinden (z. B. vierzig Stunden in der Woche zu arbeiten oder zur Schule zu gehen), sodass dieses Sensorium schon im Kindesalter zunehmend abstumpft.

Man muss in einem normalen Menschenleben mittlerweile so viele Dinge tun, die einem eigentlich unangenehm und stressig sind, dass man die ständigen Überbelastungen und die daraus unweigerlich resultierenden Folgeschäden für das Gehirn gar nicht mehr richtig wahrnimmt (oft erst, wenn es schon zu spät ist). Wie es um die allgemeine psychische Gesundheit bestellt ist, kann man sich am besten dadurch veranschaulichen, dass man sich die Frage zu beantworten versucht, welche Menschen aus seinem Bekanntenkreis man für psychisch vollkommen gesund einschätzt. Man wird dabei, auch bei einem großen Bekanntenkreis, auf keine sehr hohe Zahl kommen.

Arbeit, Schule und Partnerschaft

Drei wesentliche Gründe für eine chronische Depression oder Angststörung sind eine belastende Berufstätigkeit oder Schulausbildung sowie eine nicht funktionierende Partnerschaft. Bei der Suche nach einer Ursache für psychische Probleme wird man sehr häufig hier fündig werden.

Ist es die Arbeit, die krank macht, genügt meist schon eine Verkürzung der Arbeitszeit und damit eine Reduzierung der Belastungsdauer und Verlängerung der Regenerationsphasen. Auch eine freie Zeiteinteilung im Job sowie eine Home-Office-Möglichkeit senken den Stressfaktor enorm (laut einer aktuellen Studie nehmen 50 % der Beschäftigten gar keine Arbeit mehr an, bei der ihnen nicht eine Home-Office-Möglichkeit geboten wird). Manchmal ist sogar eine längere Auszeit überlegenswert, wenn die Beschwerden bereits erheblich sind und man schon spürt, dass man sich nicht mehr ausreichend erholt. Sich jeden Tag in die Arbeit zu quälen, aus falschem Pflichtbewusstsein oder der Angst, seine Beschäftigung zu verlieren, steht keinesfalls dafür. Ein derartiges Denken ist meist schon ein Symptom einer mehr oder weniger fortgeschrittenen psychischen Erkrankung. In manchen Fällen wird man sogar an einen Wechsel des Arbeitsplatzes denken. Dabei ist die Befürchtung, keine adäquate neue Beschäftigung zu bekommen, ebenfalls meist schon eine Folge der Erkrankung. Ist man wieder gesund, hat man eine derart positive Ausstrahlung, dass das Finden eines neuen Arbeitsplatzes, ggf. auch in einem gänzlich anderen Tätigkeitsbereich, meist kein großes Problem ist, sogar wenn man nicht mehr ganz jung ist oder auch nicht *die* Ausbildung hat. Eine Mitarbeiterin, die einfach „gut drauf" ist, hat jede gerne in ihrer Firma. Auch kann man eine längere berufliche Auszeit selbstverständlich zur Fortbildung oder Umschulung nützen.

Ich denke da immer an einen meiner Brüder, der in seinem erlernten Beruf richtig „eingegangen" ist und jegliche Lebensfreude verloren hat, der dann über den Zivildienst seinen Traumjob gefunden hat und heute ein selten zufriedener und glücklicher Familienvater ist. Manchmal spielt einem das Leben einfach in die Karten und man findet zufällig das Richtige. Man muss dazu natürlich auch Verschiedenes probieren und sich vor allem nicht zu rasch im Leben festlegen, sofern man sich nicht wirklich schon in jungen Jahren für etwas Spezielles begeistert und der Beruf, für den man sich entschieden hat, eine Berufung ist. Interesse für eine Sache bildet sich auch oft erst in einem etwas späteren Lebensabschnitt heraus, wenn man schon das eine oder andere Prägende erlebt hat. Ich selbst habe auch nicht damit gerechnet, mit fünfzig noch unter die Buchautoren zu gehen. Das ist einfach so passiert.

Bei Jugendlichen, die heute leider erschreckend oft an Depressionen und Ängsten leiden, ist meist eine Schulausbildung, die einen überfordert oder die einen einfach nicht freut, ursächlich. Manche lernt sich halt nicht so leicht, ist nicht ehrgeizig und motiviert genug, auch nicht so belastbar oder ist eher manuell begabt bzw. hat keinen wirklich positiven Bezug zu dieser Art Ausbildung, auch wenn die Jobchancen sehr gut sein mögen. (Eine Schulausbildung nur wegen der guten Berufsaussichten zu machen, birgt halt sehr die Gefahr in sich, dass man dann auch den jeweiligen Beruf nicht wirklich gern macht.) Hier sind vor allem die Eltern gefordert, dem Nachwuchs tunlichst nichts abzuverlangen, was der nicht liefern kann. Es braucht ja nicht unbedingt ein elitäres Gymnasium sein, man kann durchaus auch leichter zur Matura kommen, wenn es denn schon eine solche sein soll. Auch muss es nicht notwendigerweise eine universitäre Ausbildung sein, auch wenn der Papa selbst seinen „Doktor" gemacht hat und sich eine Akademikerin als Nachkommen wünscht. Eine Lehre ist heutzutage schon fast eine Garantie für einen guten Job und einen entsprechenden Verdienst.

Viele Menschen, die stolz über ihre Familie berichten, schwärmen leider unsensibel oft ausschließlich von jenen ihrer Kinder oder Enkel, die maturiert haben, auf die Uni gehen und vermeintlich besonders angesehene Berufe, wie Ärztin, Rechtsanwältin oder Wirtschaftstreuhänderin, anstreben. Ein Lehrberuf ist da, bei genauer Betrachtung, um nichts schlechter, warum auch, und bringt Leute in die Wirtschaft, die heute schon händeringend gesucht werden. Aber das wird den Menschen erst langsam in die Köpfe kommen, zu lange waren Akademikerinnen im Ansehen allen anderen Berufen überlegen. Und wenn Sohn oder Tochter bei einem manuellen Job ihre*seine Erfüllung findet und glücklich wird, dann soll es auch so sein.

Warum geistige Arbeit stets höher eingeschätzt wurde und leider meist noch immer wird, mag früher daran gelegen haben, dass man mit ihr einfach mehr verdient hat, weil weniger Konkurrenz da war. Heute ist gefühlt fast schon jede zweite eine Maturantin oder eine Studienabgängerin und die Arbeiterin und Handwerkerin, vor allem die Selbstständige, verdient, über das gesamte Berufsleben gesehen, regelmäßig nicht mehr weniger als die Akademikerin, die oft erst fünfzehn Jahre später in den Beruf einsteigt. Außerdem ist man mit einer Lehre schon früh in seinem Leben finanziell unabhängig und, wenn man unbedingt eine Matura haben will, geht das heute auch mit Lehre ganz geschickt.

Der dritte Hauptgrund für eine chronische psychische Erkrankung ist wohl eine entsprechend belastende Partnerschaft. Hier gilt dasselbe wie für die Arbeit: Weniger Zeit mit dem Partner verbringen, mehr das tun, was man gerne (ohne ihn) macht, kann das Problem oft schon beheben. Wenn es finanziell möglich ist, sind auch getrennte Wohnungen oder einfach eine größere Bleibe, in der man mehr auseinander kann, ein Thema. Wenn gar nichts hilft, schleunigst das Ganze beenden. Ein psychisch wieder gesunder Mensch mit entsprechender Ausstrahlung wird ganz leicht einen neuen, passenderen Partner finden. Man braucht dazu auch nicht unbedingt besonders schön, reich oder gebildet sein, sind die meisten anderen Menschen ja auch nicht. Meist ist das Finden eines Lebenspartners für besondere Menschen sogar schwieriger als für die Durchschnittsbürgerin.

Soziale Lebensweise

Der Mensch ist bekanntermaßen ein soziales Lebewesen. Es gibt aber auch Individuen, die eher scheu sind, zurückgezogen leben, wenig Kontakt zu anderen haben. In früheren Jahrtausenden war das durchaus keine verkehrte Sache. Der Mensch hat ja im Laufe seiner Genese nicht immer in größeren Kommunen gelebt, es gab auch eine Zeit der abgeschlossenen Kleingruppen und Familienverbände, die, meist dem Nahrungsangebot folgend, in der Weite der Urwälder herumgezogen sind. Man scheute andere Menschen als Nahrungskonkurrenten und potentielle Unsicherheits- und Gefahrenquelle.

Irgendwann wurde der Mensch dann sesshaft, begann Dörfer und Städte zu gründen und die Vorteile des engeren Zusammenlebens zu genießen. Das waren vor allem die Arbeitsteilung, das Lernen von anderen (man musste nicht mehr jede Erfahrung selber machen), die Kooperation zur Realisierung größerer Projekte, mehr Sicherheit, größere Auswahl bei der Partnersuche, soziale Absicherung und Beistand in der Not. In der heutigen modernen Zivilisation mit ihren Megastädten hat diese Entwicklung ihren vorläufigen Höhepunkt gefunden. Leider war dieses Zeitalter auch der Beginn von Kriegen und bewaffneten Auseinandersetzungen.

Möglich wurde das Ganze dadurch, dass Menschen eine hochkomplexe Sprache entwickelt haben und durch das Miteinanderreden Ängste, Unsicherheiten und Aggressionen abbauen konnten. Andere wehrhafte Geschöpfe, wie viele Raubtiere, vermögen das nicht und leben eben allein bzw. die weiblichen Individuen eine gewisse Zeit zusammen mit ihren Nachkommen.

Man ist heute im Allgemeinen gesellig, kommt zu verschiedenen Anlässen zusammen, trifft sich bei Massenveranstaltungen, plaudert miteinander bei jeder sich bietenden Gelegenheit, das heißt, man unterhält sich gleichsam ohne Not, nicht um Informationen auszutauschen, sondern nur um sich vertraut zu machen und zu halten. Zumindest grüßt man sich am Morgen freundlich, das bricht schon enorm viel „Eis". Menschen, die miteinander kommunizieren, sind sich auch viel mehr zugetan als die „Unnahbaren"; man ist sich freundschaftlich verbunden, liebt sich eventuell sogar, verbringt gerne ausgiebig Zeit zusammen, freut sich, wenn man sich nach längerer Zeit wieder einmal trifft, ist unendlich traurig, wenn man den anderen verliert, Abschied nehmen muss.

In nicht wenigen Menschen kommen aber die Anlagen, die für das Leben in Kleingruppen weit weg von den Nachbarn von Vorteil gewesen sind, immer wieder mehr oder weniger deutlich durch. Es ist vor allem die Vorsicht fremden Menschen gegenüber, die bis heute noch in jedem von uns steckt, die sich allerdings individuell unterschiedlich stark manifestiert. (Plautus: „Homo Homini Lupus", „der Mensch ist dem Menschen ein Wolf", „jedenfalls so lange, wie man sich noch nicht näher kennt".) Während die kontaktfreudige Politikerin in der Menge badet, ist der schüchternen Buchhalterin allzu viel menschliche Zuwendung eher unangenehm.

Die angeborene Scheu des Menschen vor Unbekannten sieht man sehr gut bereits am „Fremdeln" kleiner Kinder und vor allem an einer mehr oder weniger stark entwickelten Fremdenfeindlichkeit. Aber sogar unsere liebsten Haustiere, Hunde und Katzen, die über die Jahrtausende aus Wildtieren herausgezüchtet worden sind, als dem Menschen zugetane Wesen, zeigen durchaus noch immer zum Teil ursprüngliche Verhaltensweisen: Während der eine Hund gar nicht ohne menschliche Gesellschaft sein kann, wird der andere entsprechend aggressiv, wenn sich jemand, der nicht zur Familie (zum Rudel) gehört, zu nahe an ihn heranwagt. Während das eine Kätzchen ohne Scheu auf fremde Menschen zugeht und sich seine Streicheleinheiten abholt, nimmt das andere schon Reißaus, wenn sich jemand Unbekannter nur auf fünf Meter nähert. Auch der moderne Mensch hat sich letztendlich im Laufe der Evolution auf dieselbe Art und Weise in Anpassung an eine sich ändernde Lebensweise und Umwelt aus der Urform herausentwickelt und entwickelt sich immer noch fort – mehr und mehr in Richtung Kommunenmensch.

Die Lebensweise der modernen Welt und das Zusammenleben vieler Leute auf engstem Raum ist allerdings nicht für alle und jeden nur der reinste Vorteil, sondern auch eine schier endlose Quelle für Stress und damit letztendlich Ursache von psychischen Erkrankungen. Das gilt sowohl für Männer als auch für Frauen gleichermaßen. Für die nicht so Umgänglichen sind die Ursachen für psychische Belastungen beinahe unübersehbar: ob das Einkaufen im Supermarkt, der Termin am Amt, der Job im Büro, die Fortbewegung in öffentlichen Verkehrsmitteln, die hektische Betriebsamkeit der Stadt, wenn man ihr einmal nicht ausweichen kann. Man kommt heute auch um eine Vielzahl an zwischenmenschlichen Kontakten nicht mehr herum, ob man das möchte oder nicht. Das beginnt schon für die Kleinen im Kindergarten, geht dann in der Schule weiter und endet schließlich im Arbeitsleben.

Insbesondere sensible und wenig belastbare Menschen tun sich mit unserer heutigen Lebensweise immer schwerer. Sensibilität war früher überlebenswichtig, um sich in einer feindlichen Umgebung zurechtzufinden und Gefahren ehestmöglich zu erkennen. Heute, wo der Mensch sich seinen Lebensunterhalt durch neun Stunden Arbeit am Tag verdient, es keine Gefahren mehr gibt, wenn man vom Straßenverkehr und der Kriminalität absieht, sind zunehmend Belastbarkeit und Leistungsfähigkeit gefragt; wer am meisten zusammenrafft, ist am angesehensten. Mit Sensibilität punktet man nur mehr in der Partnerschaft und in der Familie, wo ein Eingehen auf den anderen und Rücksichtnahme noch gefragt sind.

Möglichst viele soziale Kontakte, Kommunikationsfreudigkeit, Beliebtheit, eine Vielzahl von Freundschaften, ein großer Bekanntenkreis, Geselligkeit und Fortgehen jedes Wochenende gelten heute als Wert schon für die Kinder und Jugendlichen. Einzelgängertum und sozialer Rückzug sind entsprechend negativ besetzt und werden auch meist mit einer psychischen Beeinträchtigung oder krankhaften Veranlagung assoziiert. Dabei ist bei näherer Betrachtung gar nichts daran auszusetzen. Einsiedlerisch lebende Menschen, die sich nur selten im Dorf blicken ließen, um ihre Erzeugnisse zu verkaufen und sich mit Vorräten zu versorgen, hat es schon immer gegeben, vor allem auch in anderen Kulturen. Die waren oft sogar durchaus angesehen, weil gebildet und ein bisschen geheimnisumwittert. Auch manche Künstlerin lebt heute lieber allein oder nur mit der engsten Familie in einem abgeschiedenen Gehöft, um Ruhe für ihre kreative Tätigkeit zu haben. Und auch viele Tiere, insbesondere Raubtiere (auch der Mensch ist ja ein solches), leben lieber allein und kommen nur zur Fortpflanzung zusammen. Das Ganze muss wohl auch irgendwelche Vorteile haben. Andere Menschen können ja auch wehtun, speziell dem Empfindsamen (Stichwort „Mobbing", „Hass im Netz"). Und endlose Streitigkeiten mit der Nachbarin können einem auch das ganze Leben vergällen. Die gesellschaftlichen Werte werden aber durch die Mehrheit bestimmt und die ist halt mehr oder weniger leutselig.

Menschen, denen das Übersoziale nicht so gegeben ist, sollten ihre Veranlagung möglichst bald im Leben akzeptieren, nicht versuchen, sich mit Gewalt dem Mainstream anzupassen. Das betrifft vor allem die Berufswahl und das Freizeitverhalten. Es muss ja nicht jede im Handel, als Lehrerin, Sozialarbeiterin, Politikerin oder im Unterhaltungsgewerbe arbeiten. Es gibt auch Jobs als Buchhalterin, Bus- oder Zuglenkerin, Landwirtin, Försterin, bei denen man kaum zwischenmenschlichen

Kontakten „ausgesetzt" ist. Wenn man sich den falschen Beruf ausgesucht hat, entsprechend viel Zeit und Energie in seine Ausbildung investiert hat und dann oft jahrelang gegen sein Naturell kämpft, können extrem schwere psychische Erkrankungen die Folge sein.

Aber auch außerhalb der Arbeit sollte man seiner Veranlagung stets entsprechend Tribut zollen. Man braucht ja nicht jeden Abend ein Lokal bzw. Wirtshaus frequentieren oder sich jedes Wochenende in der Disko oder bei irgendwelchen Festivitäten und Feierlichkeiten sehen lassen, auch wenn das noch so viele andere tun. Wenn einem das nicht liegt, Finger weg, nicht auf die anderen schauen – und wenn man der einzige Mensch auf der Welt wäre, der sich so verhält. Man kann auch zu Hause eine gute Zeit haben, womit auch immer.

Hilf-, Perspektiv-, Aussichtslosigkeit

Eine ganz besondere Form von Stress liegt dann vor, wenn man sich in einer belastenden Lebenssituation ohne Chance auf Verbesserung befindet.

Mein Vater etwa ist mit Anfang vierzig nach einer schweren Hepatitiserkrankung körperlich immer mehr verfallen. Die Tatsache, dass sein Äußeres, auf das er immer großen Wert gelegt hat, zunehmend das eines Schwerkranken wurde und er nichts dagegen tun konnte, hat ihn so betroffen, dass er eine schwere Depressionserkrankung bekam.

Auch Menschen, die immer mit beiden Füßen im Leben gestanden sind, selbstständig und unabhängig waren, tüchtig im Beruf und unentbehrlich in der Familie, die dann durch Unfall, Schlaganfall oder eine schwere, irreversible Erkrankung plötzlich hilflos und pflegebedürftig werden, auf andere Menschen angewiesen sind, welche es oft nicht besonders gut mit ihnen meinen oder einfach auch nur mit der Situation überfordert sind, entwickeln sich oft zu richtigen Grantlerinnen.

Auch bei manchem Todeskandidaten in einem US-Gefängnis, der oft Jahrzehnte auf seine Hinrichtung wartet, da die Anwältin immer wieder einen Aufschub der Exekution bei Gericht erwirkt, hat man schon u. a. eine Verkümmerung der Hoden feststellen können. Die Aussicht auf einen wahrscheinlichen oder gar sicheren Tod ist wohl die ultimative Form von Stress.

In Österreich gibt es auch für die größten Schwerverbrecher keine absolut lebenslange Haft mehr. Kein Mensch soll bei uns im Gefängnis sitzen ohne Aussicht auf eine irgendwann erfolgende Freilassung. Im Gegensatz dazu die Situation in Amerika, wo man mit Mördern und Vergewaltigern nicht so gnädig ist. Welche Vorgehensweise hier die bessere ist, wird wohl eine Frage der Sichtweise sein: Ist man ein Vater, der seine kleine Tochter durch ein Verbrechen verloren hat, oder einfach nur eine Außenstehende, die im Delinquenten auch ein leidensfähiges, gottgeschaffenes und mehr oder weniger wertvolles menschliches Wesen sieht.

Auch Flüchtlinge in den Elendslagern auf der ganzen Welt, oft abgeschoben auf irgendeine einsame Insel, versorgt nur mit dem absolut Nötigsten und ohne Aussicht auf ein menschenwürdiges Leben leiden oft unter entsprechend schweren Depressionen und Ängsten, besonders die unbegleiteten Minderjährigen. Dass Eltern ihre Kinder einfach von zu Hause wegschicken und ihrem Schicksal überlassen, ist dabei eigentlich unfassbar.

Auch die Psychologie hat sich des Themas angenommen, allerdings in wenig rühmlicher Art und Weise. Bei Versuchen an Hunden haben der in Fachkreisen bekannte amerikanische Psychologe Seligman und andere eine von ihnen so bezeichnete „erlernte Hilflosigkeit" festgestellt. Dabei wurden die Tiere mit einem Hundegeschirr festgehalten und immer wieder Stromstößen ausgesetzt, denen sie nicht entfliehen konnten. Sie lernten das Gefühl der Resignation, Hilf- und Hoffnungslosigkeit und haben irgendwann dann gar keine Anstalten mehr gemacht, den Stromschlägen zu entkommen, auch wenn man ihnen in weiterer Folge die Möglichkeit dazu gegeben hat. Für derartige Tierversuche haben vor allem amerikanische Psychologinnen und Psychologen bereits traurige Bekanntheit erlangt. Sie schrecken dabei auch vor höheren Lebewesen, wie Affen oder eben Hunden und Katzen, nicht zurück. Laut einschlägiger Sekundärliteratur soll Seligman seine „Theorie" sogar an Menschen getestet haben; wie er dabei vorgegangen ist, ist mir allerdings unbekannt.

Ein Phänomen erlebter Hilflosigkeit ist auch aus der Zeit des Dritten Reiches zu berichten. Im Rahmen des Ostfeldzuges der deutschen Wehrmacht wurden aus jeder eroberten Stadt der Sowjetunion alle Jüdinnen*Juden auf Plätzen außerhalb versammelt und dann eine*r nach der*dem anderen von einem SS-Mann erschossen und in Massengräbern verscharrt. So harrten dann oft Zehntausende Menschen reaktions- und widerstandslos ihrer Hinrichtung. Wenn alle gemeinsam aufgestanden wären und sich gewehrt hätten, wären die paar Wachleute schnell überwältigt gewesen. Das haben sie aber nicht getan. Sie wussten, dass Flucht ihre Tötung nur verzögert hätte und man der Übermacht der Deutschen auf Dauer nicht entkommen wäre, und sie fügten sich so in ihr Schicksal.

Auch die christliche Religion kennt ein Konzept völliger Perspektivlosigkeit. Ich möchte dabei vorausschicken, dass ich selbst Mitglied der katholischen Kirche bin, in einer christlichen Familie aufgewachsen bin und sehr schätze, was Kirchenmitglieder alles in der Welt bewirken. Eines konnte ich aber nie nachvollziehen, nämlich das, was auf Menschen wartet, die sich im Leben den Himmel nicht verdient haben, früher die „ewige Verdammnis", heute die ewige „Gottferne". Das kann nur jemandem eingefallen sein, der nicht richtig nachgedacht hat bzw. der stark emotional involviert war oder auch noch nie schwere Depressionen geschmeckt hat. Eine solche Bestrafung hat sich nicht einmal weiland Hitler verdient. Darüber sollte man in höheren Kirchenkreisen noch einmal gründlich nachdenken.

Sieht der Mensch nur ein kleines bisschen Licht am Ende des Tunnels, hat er nur eine minimale Aussicht auf eine Verbesserung seiner Lage, ist sofort wieder Hoffnung und Zuversicht da. Das gilt vor allem auch bei schweren Depressionserkrankungen. Der Lebenswille des Menschen ist enorm und es muss schon eine entsprechende Aussichtslosigkeit, auch über längere Zeit, vorliegen, um einen Suizid herbeizuführen.

Verlorene Liebesmüh

Auch Misserfolge bei Dingen, die mit viel Mühen und Anstrengungen verbunden waren, in die man vielleicht sein ganzes „Herzblut" gesteckt hat, stellen regelmäßig starken Stress dar und können das Stimmungsbarometer oft für längere Zeit entsprechend senken.

Viele von uns sind schon gelegentlich vor dem Computer gesessen und haben an einem Problem getüftelt, das sich einfach nicht hat lösen lassen. Auch werden nicht wenige schon einmal bei einer Prüfung, für die sie wochenlang gelernt hatten, durchgefallen sein bzw. dafür nicht die erhoffte gute Note bekommen haben. Auch wie sich eine Everest-Bergsteigerin fühlt, die nach einem tagelangen Aufstieg letztendlich kurz vor dem Gipfel wegen Schlechtwetters umkehren muss, lässt sich gut nachvollziehen. Es wird sogar von Kletterern berichtet, die beim Aufstieg einen Bergkameraden durch ein Unglück verloren haben und nach all den Strapazen des bisherigen Weges dennoch nicht pietätvoll umgekehrt, sondern weiter zum Gipfel vorgedrungen sind. Auch die Regisseurin, deren Aufführung oder Film beim Publikum durchfällt, oder die Architektin, deren Bauprojekt nach monatelanger Planung dann aus Umweltschutzgründen abgeblasen wird, werden wohl längere Zeit mit Frustbewältigung beschäftigt sein. Auch die buchstäbliche „Liebesmüh", die man in eine Beziehung bzw. zur Anbahnung einer solchen vergeblich investiert hat, drückt oft noch wochenlang auf die Stimmung.

Das beste Mittel gegen verlorene Liebesmüh besteht darin, sofort wieder entsprechend aktiv zu werden. Das Lernen für die Prüfung gleich wieder neu beginnen, den Gipfelsieg ehestens nachholen, sich mit einer neuen Partnerschaft ablenken. Auch viele im Sportbereich Tätige werden wissen, dass die Vorbereitung auf einen neuen Wettkampf, der gleich unmittelbar nach einer erlittenen Niederlage ansteht, den Misserfolg ungleich schneller vergessen und die Motivation rasch wieder ansteigen lässt. So sind Vereinstrainerinnen im Profifußball, die jede Woche ein oder zwei Bewerbsspiele haben, nach Niederlagen regelmäßig in einer besseren Situation als Trainerinnen einer Nationalmannschaft, die nur wenige Spiele im Jahr austragen und nach einer Schlappe oft monatelang auf eine Chance zur Rehabilitierung warten müssen. Auch bei fünf Niederlagen en suite ist nach einem Sieg sofort wieder Optimismus und Zuversicht da und die Pleiten sind vergessen. Es wird auch kaum eine Trainerin entlassen, die gerade einen Erfolg gefeiert hat. Neue Chance, neues Glück.

Sensibilität und Empathie

Unter „Sensibilität" versteht man die Empfindlichkeit eines Individuums gegenüber Einwirkungen auf seine Psyche, die seine Befindlichkeit mehr oder weniger stark positiv oder negativ verändern. Ist sie entsprechend überhöht, wie das häufig (aber nicht nur) bei psychischen Erkrankungen der Fall ist, spricht man von „hochsensiblen" Wesen, die manchmal auch Dinge wahrnehmen, die anderen verborgen bleiben. Erhöhte Sensibilität bedeutet nicht notwendigerweise schlechte Belastbarkeit, auch wenn beide ähnliche Auswirkungen auf die Psyche haben.

„Empathie" dagegen bedeutet Einfühlungsvermögen. Sie zeigt sich darin, wie gut man sich mental in andere Individuen hineinversetzen kann, wie sehr man sich mit ihnen freut, wenn es ihnen gut geht, sie Erfolge feiern, Erfreuliches erleben bzw. wie sehr man mit ihnen leidet, wenn das Gegenteil der Fall ist. Die Empathische tendiert stets dazu, anderen Menschen Freude zu bereiten, da sie deren Stimmungssteigerung dann auch selbst entsprechend genießen kann. Sie lobt, beschenkt, macht Komplimente, gibt ein Lächeln, grüßt freundlich, übersieht niemanden, ist mitleidsvoll, hilfsbereit, selbstlos, rücksichtsvoll, verständnisvoll, ehrlich und verlässlich, hört dem Gegenüber zu, wenn dieses sich aussprechen will, gönnt den anderen ihre Erfolge, denkt im Sieg auch an die Verliererinnen, ist umwelt- und klimabewusst, auch das Tierwohl ist ihr ein besonderes Anliegen. Es ist dann kein Wunder, dass empathische Menschen ausgesprochen beliebt, geschätzt, gern gesehen und angesehen sind, als besonders „wertvoll" gelten, auch ohne außergewöhnliche Leistungen dafür erbringen zu müssen.

Sensible und empathische Menschen sind speziell als Partner äußerst gefragt, insbesondere dann, wenn man schon das eine oder andere Mal mit dem Gegenteil schlechte Erfahrungen gemacht hat. Auch als Mitarbeiter im Betrieb sieht man sie gern, da man davon ausgehen kann, dass sie ihr Möglichstes für das Unternehmen geben und nichts tun, was diesem oder den Arbeitskolleginnen schaden würde, auch wenn es ggf. zu ihrem eigenen Vorteil wäre. Man braucht sie nicht ständig zu kontrollieren, kann sich „blind" auf sie verlassen. Auch machen sensible Menschen generell weniger Stress als entsprechend rücksichtslose Zeitgenossinnen, die ihren Gefühlen stets hemmungslos freien Lauf lassen.

Für den psychisch gesunden, stabilen Menschen sind Sensibilität und Empathie eine schier endlose Quelle angenehmer Empfindungen. Für ihn ist „Glück" nicht nur ein Wort, sondern ein Gefühl, das sich regelmäßig bei ihm einstellt. Er weiß auch, was die Höchstnote 10 auf der Befindlichkeitsskala bedeutet, eine Erfahrung, die dem Unsensiblen zeit seines Lebens verwehrt bleibt. Vor allem der Kontakt mit anderen gleichgelagerten Wesen ist für ihn oft ein wahrer emotionaler Hochgenuss. Und wenn man einen Menschen trifft, der besonders gut drauf ist, kann man sich sicher sein, dass es ein ausgesprochen sensibler ist.

Für die psychisch Kranke sind dagegen dieselben Eigenschaften regelmäßig eine schwere Last. Unerfreuliche Erlebnisse und Erfahrungen, die sie auf Grund ihrer negativen Ausstrahlung und Körpersprache oft geradezu „anzieht", tun ihr ganz besonders weh und verletzen ihre Psyche stark und langanhaltend. Auch unangenehme Gefühle und Empfindungen nimmt sie besonders intensiv wahr (vor allem Mitleidsgefühle). Die erhöhte Sensibilität ist nicht zuletzt auch Ursache für ihre mehr oder weniger starke Labilität im Denken und die oft enormen Stimmungsschwankungen. Umgekehrt ist regelmäßig auch der Umgang *mit* ihr etwas mühsam. Ein unachtsames Wort, ein etwas unfreundliches Verhalten (weil man selbst gerade übellaunig ist), ein sich einmal leicht im Ton vergreifen führt sofort dazu, dass die Betreffende tagelang eingeschnappt oder überhaupt so beleidigt ist, dass sie für ihr restliches Leben nichts mehr mit einem zu tun haben will. Hier ist die psychisch Stabile und „Pflegeleichte" deutlich einfacher zu handeln.

Psychische Belastbarkeit und Stabilität

Zwei Begriffe, die im Zusammenhang mit psychischen Erkrankungen immer wieder fallen, sind „Stabilität" und „Belastbarkeit". Beide werden häufig synonym gebraucht. Sie zeigen sich in erster Linie in der psychischen Erholungsfähigkeit (wie rasch sich der Botenstoffhaushalt nach Belastungen wieder regeneriert). Emotionale Stabilität wird regelmäßig mit psychischer Gesundheit gleichgesetzt, die psychisch Kranke häufig als „labil" bezeichnet.

Kurzfristig schlecht belastbar kann durchaus auch die psychisch Gesunde sein, wenn sie nach einer Ruhephase einer entsprechend starken Beanspruchung ausgesetzt ist. Kollektive schlechte Belastbarkeit zeigt sich am ersten Arbeitstag in der Woche, wo nach zwei arbeitsfreien Tagen die Widerstandsfähigkeit gegen den Arbeitsstress bei weiten Teilen des Arbeitsvolkes noch nicht wieder völlig da ist und mehr Fehler als an anderen Tagen passieren („Montagsauto").

Die Belastbarkeit des gesunden Menschen ist regelmäßig am Abend maximal, wenn er sich an die laufenden Beanspruchungen und den Stress des (Arbeits-)Tages mehr und mehr gewöhnt hat. Das Gehirn ist morgens und vormittags am aufnahme- und leistungsfähigsten (es macht so durchaus Sinn, Schulunterricht in die Vormittagsstunden zu legen), aber auch am stressempfindlichsten. Ein unangenehmes Erlebnis in aller Früh kann einem oft den ganzen Tag verderben. Man sollte daher langsam und vorsichtig starten und starke Belastungen, wenn möglich, nicht schon in die frühen Morgenstunden legen. Eine Stunde Laufen oder Lernen für eine Prüfung ist sicher am Abend weniger belastend als in der Früh, unmittelbar nach dem Aufstehen. Die psychische Widerstandsfähigkeit nimmt so im Laufe des Tages zu, wogegen während der Nachtruhe der umgekehrte Effekt eintritt: Das Gehirn regeneriert sich wieder, während sich die Stressresistenz durch die Nichtbeanspruchung im Schlaf reduziert.

Psychische Erkrankungen, wie vor allem eine entsprechend schwere Depression oder Angsterkrankung, sind regelmäßig mit einer erheblich herabgesetzten Belastbarkeit verbunden. Stresseinwirkungen auf das Gehirn der Betroffenen zeigen dann unmittelbar Folgen, wie starke Depressionen, Ängste, Erschöpfungsgefühle, Leistungsabfall, verminderte Ausdauer und erhöhte Fehleranfälligkeit. Mit angemessener Dauerbeanspruchung, wie man sie auch und vor allem im Arbeitsprozess findet, sowie gut wirkenden Psychopharmaka wird man das Belastbarkeitsniveau in diesem Fall aber doch deutlich und stetig erhöht halten. Besonders Antidepressiva sind hier die Mittel der Wahl, wobei die speziell auf Serotoninsteigerung ausgelegten Präparate auch bei Angstzuständen beachtliche belastbarkeitssteigernde Effekte haben. Für besonders stressige Tage wird sich hier auch ein Beruhigungsmittel anbieten. Allerdings geht das Ganze nur bis zu einer bestimmten Obergrenze, über die kommt man nicht hinaus (die ist umso niedriger, je schlimmer die Erkrankung noch ist). Daher werden kontinuierliche Belastungssteigerungen, wie sie oft von ungeduldigen Fachärztinnen verordnet werden, irgendwann an ihr Limit stoßen und dann keine weitere Wirkung mehr zeigen; sie können im Gegenteil dazu führen, dass das Ganze wieder den umgekehrten Weg geht und sich Befindlichkeit und Belastbarkeit der Patientin erneut verschlechtern.

Insbesondere in der depressiven oder ängstlichen Episode oder nach kurzen, extrem starken Beanspruchungen kann sich die Belastbarkeit so weit vermindern, dass oft gar nichts mehr geht. Hier wird sich allerdings, im Anschluss an die Akutphase, die Stressresistenz relativ rasch wieder normalisieren, auch ohne besonderes Zutun der Betroffenen, im Rahmen einer „normalen" Lebensführung. Es gilt hier, dass man sich umso schneller regeneriert, je kürzer die Belastung war.

Aber nicht nur *psychisch* Kranke sind häufig von ausgeprägtem Belastbarkeitsabfall betroffen. Auch bei einem „Chronischen Fatigue Syndrom", einer bis heute noch nicht völlig geklärten Erkrankung, bei „Long Covid" nach einer Coronainfektion und als Langzeitfolge von anderen Viruserkrankungen sind extreme, langandauernde und eminent belastende Schwächezustände und eklatante Belastbarkeitsverminderungen bekannt (von „CFS"-Patientinnen wird berichtet, dass sie sich nicht einmal mehr selbst im Bett umdrehen können, ohne massive Erschöpfungszustände zu bekommen).

Schlechte Belastbarkeit – Gutes Gedächtnis

„Schlecht belastbar", „labil", „schlechte Nerven" sind etwas abwertende Begriffe für ein Wesensmerkmal von Menschen, die sich von Stress nicht so rasch erholen und im Anschluss an Belastungen etwas länger für die Wiederstabilisierung ihres Gehirns benötigen.

Ich habe mir oft die Frage gestellt, wofür „schlechte Nerven" gut sein mögen. Da es so viele Menschen gibt, die von Natur aus weniger belastbar sind, kann das Ganze nicht nur Nachteile, sondern muss auch irgendwelche Vorteile haben, sonst wäre diese Veranlagung in der Evolution längst verschwunden und es wären nur gut Belastbare übriggeblieben.

Es war nicht immer so, dass „gute Nerven" als positive Eigenschaft zu sehen waren. In der Zeit unserer frühen Vorfahren machte es nicht das Geringste aus, wenn man schlecht belastbar war, da man kaum dauerhaft Stress ausgesetzt war. Im Gegenteil: Schlechte Belastbarkeit bedeutete ja umgekehrt nichts anderes als ein entsprechend gutes Gedächtnis. Ein Mensch, der längere Zeit benötigt, um unangenehme Erlebnisse wieder aus dem Kopf zu bekommen, vielleicht Stunden oder Tage, eventuell sogar noch länger, „lernt" diese quasi viel intensiver und erinnert sie daher auch erheblich besser und länger. Dagegen ist diejenige, die negative Erfahrungen schon nach ein paar Minuten wieder „abgeschüttelt" hat, dazu verurteilt, ihre Fehler immer wieder zu machen, da sie die vormaligen gleichen oder ähnlichen schon längst wieder vergessen hat. Sie tappt immer wieder in dieselbe Falle, während ihrem schlecht belastbaren Widerpart dessen eigene Fehltritte, unter deren Folgen er entsprechend lange gelitten hat, kein zweites Mal passieren.

Ich habe einen Bekannten mit „Bilderbuchnerven", der endlos belastbar ist. Er arbeitet wie ein Berserker, ist top im Beruf, immer aktiv, braucht kaum Erholungszeiten und wird wohl nie in seinem Leben eine Depression oder Angststörung bekommen. Er hat allerdings *einen* Fehler: Er begeistert sich zu rasch für irgendwelche Dinge, die ihn ein paar Wochen später nicht mehr interessieren, bzw. er macht, ohne lange zu überlegen, Sachen, die sich letztendlich als wenig gescheit herausstellen. Er hat dadurch schon so viel Geld verloren, dass sich ein anderer darum ein Eigenheim bauen könnte. Er lernt nicht daraus und fällt immer wieder aufs Neue auf sich selbst herein. Solange es nur Geld ist, das man verliert, mag man das ja verschmerzen, aber es kann durchaus sein, dass man einmal so richtig *emotional* draufzahlt, wie es nicht zuletzt auch ihm gegangen ist.

Schlechte Belastbarkeit bzw. ein gutes Gedächtnis ist auch vielen Tieren sehr von Nutzen. Der Hirsch, der die Erfahrung gemacht hat, dass ein knackender Zweig oder ein Rascheln im Gebüsch eine Jägerin ankündigen kann, und der in einem solchen Fall einmal nur knapp einem Abschuss entkommen ist und im Anschluss an diese Lebensgefahr sehr lange gebraucht hat, um sich wieder zu beruhigen, wird in der Folge bei Zweigeknacken und Rascheln sofort erneut an sein vormaliges Erlebnis erinnert (auch noch nach Jahren), wird schleunigst das Weite suchen und dadurch sein Leben viel länger behalten. Der stupide Fisch dagegen, der in einen Anglerköder beißt und sich mit Glück davon losreißen kann und das Ganze schon nach ein paar Sekunden wieder vergessen hat, wird am nächsten Tag dasselbe erneut tun und irgendwann dann nicht mehr so viel Glück haben, unbeschadet davonzukommen.

Menschen mit „schlechten Nerven" sollten daher durchaus auch stets die guten Seiten einer solchen Veranlagung sehen. Wenn ich selbst alle Fehler im Laufe meiner Erkrankung immer kurz danach schon wieder vergessen hätte, könnte ich mein Leben bei Weitem nicht so gut gestalten, wäre vielleicht schon längst verzweifelt und im Suizid geendet und hätte natürlich auch dieses Buch nicht schreiben können. Gute Belastbarkeit mag in einem Stressjob vielleicht von Vorteil sein, für das tagtägliche Leben ist sie aber ein massiver Nachteil. Der Mensch, der an schlechter Belastbarkeit „leidet", sollte daher die Möglichkeit, sein Leben dadurch deutlich geschickter führen zu können, entsprechend schätzen.

Bei der psychisch Beeinträchtigten, die krankheitsbedingt meist noch viel schlechter belastbar ist und bei der die negativen Erfahrungen aus der Vergangenheit auch immer wieder als Depressionsgedanken ins Bewusstsein gelangen, ist der Lerneffekt dadurch besonders ausgeprägt. Das ist auch ungemein wichtig, da ihr Unangenehmes besonders weh tut und sie möglichst keine Fehler machen sollte.

I. Ü. erinnern auch *sensible* Menschen erheblich besser, die Kombination aus sensibel *und* schlecht belastbar ist jedoch unschlagbar.

ABSCHNITT 5: **BEHANDLUNG UND HEILUNG**

Ärztin, Therapeutin, Krankenhaus, Kuranstalt, Pro Mente

Der erste Gang bei einer chronischen Depressionserkrankung oder Angststörungen ist der zur Fachärztin. Dieser erste Schritt ist regelmäßig der schwerste. Sich einzugestehen, dass man professionelle Hilfe braucht, weil man psychisch krank ist und selbst nicht mehr damit zurechtkommt, bedarf oft extremer Überwindung, obwohl sich die Zeiten und die Einstellung der Menschen seit *meinem* ersten Facharztbesuch 1993 zum Glück doch schon wesentlich geändert haben. Aber wenn man eingesehen hat, dass das Aufschieben nichts mehr bringt und es von allein nicht besser wird, einfach einen „guten" Tag abwarten und sich einen Termin geben lassen. Für die Sprechstundenhilfe ist das Ganze Normalität und Tagesgeschäft und man braucht da keine Hemmungen zu haben.

Die Ärztin tut im Wesentlichen nicht viel anderes als, wenn nötig, die richtigen Medikamente zu verschreiben, die einem wieder ein akzeptables Wohlbefinden ermöglichen. Das Finden der bestmöglich wirkenden Psychopharmaka ist dabei aber häufig sehr viel Trial-and-Error; da braucht es dann nicht selten mehrere Anläufe, bis man die hoffentlich ideale Medikation gefunden hat.

Die Patientin tut sich nämlich auch oft ausgesprochen schwer, die richtigen Worte für ihre Beschwerden zu finden. Da ist es dann meist äußerst hilfreich, sich mittels Fachliteratur über seine Erkrankung schlauzumachen. Das ist auch nicht besonders aufwändig, die Krankheit „Depression" und auch die ihr verwandten Leiden sind nicht so kompliziert, dass man da Hunderte Seiten lesen müsste; nur keine Berührungsängste.

Ein kleiner Tipp: Ein paar Kapitel aus der erst kürzlich neu aufgelegten Aufsatzsammlung „Klinische Psychologie und Psychotherapie" von Hoyer und Knappe reichen vollkommen aus, da steht alles Wissenswerte drinnen (die „klinische Psychologie" ist die Wissenschaft der psychischen Störungen). Ist zwar ein dicker Schinken, aber man kann sich dann nur die wirklich interessanten Beiträge herauspicken, muss nicht das ganze Werk lesen, um es zu verstehen (der höchst empfehlenswerte Aufsatz „Psychopharmakologische Grundlagen" von Thomas Köhler auf Seite 245 hat z. B. keine vierzig Seiten, auch die Kapitel zu „Depression" oder „Schizophrenie" sind nicht viel länger). Bei Lust auf mehr erscheint vom selben Autor auch das höchst empfehlenswerte Buch „Biologische Grundlagen psychischer Störungen" – jedem Interessierten ganz besonders ans Herz gelegt.

Sofern einem diese Arbeiten zu wissenschaftlich sind, kommt man fürs erste auch mit *dem* Buch, das sie gerade lesen, durchaus aus. Dann bekommt man mit der Zeit auch einen entsprechenden Wortschatz, der einem im Umgang mit Ärztinnen und Therapeutinnen gute Dienste leistet. Auch macht einem eine Erkrankung, die man entsprechend gut kennt, vor allem ihre organischen Grundlagen, gleich viel weniger Angst. Je mehr man sie durchschaut und je weniger sie einen überraschen kann, desto mehr verliert sie ihre Giftzähne, die sie zu Beginn zweifellos hat.

Der nächste Gang ist der zur Psychotherapeutin. Dort wird man zuerst versuchen, herauszufinden, warum man eine psychische Erkrankung bekommen hat – sofern man es noch nicht genau weiß. Besonders bei nicht so schweren, latenten Erkrankungen liegt das oftmals nicht so klar auf der Hand. In weiterer Folge wird man mit ihr absprechen, welche Maßnahmen man im Einzelnen ergreifen kann, die Stressbelastung zu vermindern und damit den Heilungsprozess einzuleiten. Eine meist deutliche Reduzierung der Belastungen ist unerlässlich, wenn man wieder gesund werden und das auch bleiben will.

Auch im Bereich Lebensberatung leistet die Therapeutin meist nicht zu unterschätzende Dienste. Die psychisch Kranke kann oft nicht mehr „gesund" denken (ein krankes Gehirn hat auch kranke Gedanken, weshalb manche auch einen Vormund oder Sachwalter hat) und die Therapeutin kann hier unterstützend und beratend fungieren. Auch an sich kluge Menschen, die der

Meinung sind, dass sie alles im Griff haben, werden insbesondere dann, wenn es ihnen einmal besonders schlecht geht, rasch merken, dass ihr Gehirn und ihr Denken oftmals nicht mehr wirklich reibungslos funktionieren. Das Gehirn ist die oberste Entscheidungs- und Kontrollinstanz des Körpers; wenn es mehr oder weniger stark beeinträchtigt ist, kann dies für Denken und Handeln der Kranken äußerst abträglich sein. Das heißt natürlich jetzt ganz und gar nicht, dass man als Betroffene aufhören soll, selbstständig zu denken. Ich bin der Meinung, dass jemand, der nicht selbst bei seinem Heilungsprozess aktiv entsprechend mitarbeitet, eine chronische Depression oder Angststörung nicht überwinden kann. Dazu wissen auch Ärztinnen und Therapeutinnen nicht alles, können selbst mehr oder weniger psychisch krank sein. Auch gibt es Bessere und weniger Gute; die eine hat mit lauter „Sehr gut" promoviert und bildet sich regelmäßig fort, die andere hat mit lauter „Genügend" abgeschlossen und glaubt, dass sie ohnehin schon alles weiß.

Man sollte bei der Auswahl seiner Psychotherapeutin oder auch seiner Lebensberaterin durchaus wählerisch sein, sich einfach einige anschauen und nicht unbedingt *die* nehmen, die einem am sympathischsten ist und mit der man vielleicht „am besten reden" kann, sondern die, zu der man das größte Vertrauen besitzt, weil sie am kompetentesten ist. Von der Sympathie zu einer Beraterin hat man nur die eine Stunde pro Woche während der Sitzung etwas, von einem kompetenten Rat unter Umständen ein Leben lang.

Der Gang ins Krankenhaus sollte schließlich angedacht werden, wenn die Beschwerden schon ziemlich heftig sind, man unter Umständen bereits massive Suizidgedanken hat. Meist ist dieser letzte Schritt nur eine Frage der Überwindung. Die beiden Hauptgründe für einen stationären Aufenthalt liegen darin, dass Antidepressiva leider nicht sofort wirken, sondern erst mit einer Verzögerung von ein bis zwei Wochen; auch gibt es verschiedene Arten mit unterschiedlichen Wirkmechanismen und es kann daher Wochen dauern, bis man das richtige Medikament gefunden hat. Im Krankenhaus geht dieses Prozedere natürlich viel einfacher und schneller als bei der niedergelassenen Ärztin.

Die wesentlichen weiteren Vorteile des Krankenhauses liegen auf der Hand: Man hat zwei Mal die Woche eine Visite, kann sich mit einer Fachärztin besprechen, muss sich dafür nicht stundenlang in ein Wartezimmer setzen, was für die Kranke oft wirklich eine Tortur ist, hat die Psychotherapeutin zwei Türen weiter, auch viele andere Therapien werden angeboten, man hat also immer etwas zu tun, hat eine richtige Tagesstruktur, es wird einem kaum langweilig. Auch hat man viele Gleichgesinnte auf der Station und es haben sich sogar schon Liebesbeziehungen im Krankenhaus angebahnt. Das Krankenhaus gibt einem dazu auch ein Gefühl der Sicherheit, da immer jemand da ist, an den man sich bei starken, vielleicht oft fast unerträglichen Beschwerden um Hilfe wenden kann.

Krankenhausplätze sind leider sehr teuer. Wenn man nicht gerade akut dramatische Beschwerden hat, wird man oft wieder zur Hausärztin oder Fachärztin zurückgeschickt, die einen überwiesen hat. Die Gesundheitskasse weiß, dass der Tagesablauf in der Klinik nicht viel anders ist als der zu Hause und dass heute jede Kranke die Möglichkeit hat, sich jederzeit an eine niedergelassene Ärztin zu wenden, und übt entsprechend Druck auf die Ärzteschaft im Spital aus, möglichst wenig Patientinnen aufzunehmen bzw. die Aufgenommenen so rasch wie möglich wieder zu entlassen. Dass die Betroffene aber oft nicht mehr die psychische Kraft hat, jeden dritten Tag in die Ordination zu gehen, bzw. sich in einer psychischen Ausnahmesituation befindet und nicht mit einem gesunden Menschen mit einem gesunden Gehirn vergleichbar ist, ist eine andere Sache.

Ein richtiger Kuraufenthalt ist bei chronisch psychisch Kranken keine wirkliche Option. Da er nur wenige Wochen dauert, deckt er lediglich einen sehr geringen Zeitraum des Heilungsprozesses ab und ist daher nicht wirklich sinnvoll. Besondere Erkenntnisse braucht man sich außerdem nicht davon zu erwarten. Es gibt Visiten bei Fachärztinnen, Sitzungen bei Psychotherapeutinnen, verschiedene zusätzliche Therapien, die man oft mehr belastend als förderlich empfindet, also im Wesentlichen wie im Krankenhaus. Ein Kuraufenthalt ist mehr dafür gedacht, die Betreffende vom Tagesstress zu Hause zu entlasten und ihr ein paar entspannte Wochen zu ermöglichen. Die chronisch Kranke muss allerdings ohnehin ihr ganzes Lebensumfeld ihrer Erkrankung anpassen, sodass sie wohl in ihrem gewohnten Bereich am besten aufgehoben ist.

Der Heilungsprozess wird nicht selten begleitet vom Verein „Pro Mente" erfolgen. Hier hat die Betroffene erfahrene Sozialarbeiterinnen, die ihr mit Rat und Tat zur Seite stehen, lernt viele neue Leute kennen und schließt vielleicht die eine oder andere Freundschaft, sogar Partnerschaft. Man kommt täglich aus dem Haus, aber vor allem werden (geschützte) Arbeitsplätze angeboten, und zwar passend für jede Stufe des Heilungsprozesses, für jedes erreichte Stadium von Stabilität und Belastbarkeit.

Antidepressiva

Die Gehirnzellen berühren sich nicht physisch, sondern kommunizieren miteinander in *der* Weise, dass aktive Zellen Botenstoffe in die winzigen Zellzwischenräume ausschütten, die dann von benachbarten passiven Zellen mit eigens dafür vorgesehenen Rezeptoren aufgenommen (und sofort wieder losgelassen) werden, und dass diese Empfängerzellen dann auf elektrochemischem Weg ebenfalls aktiviert werden – oder auch nicht. Im Anschluss nimmt die ausschüttende Zelle die nunmehr freien Botenstoffe aus den Zwischenräumen wieder in ihr Inneres auf, baut sie dort ab, synthetisiert frische Transmitter (z. B. eben Serotonin oder Noradrenalin) und bereitet sich so für einen neuen Ausschüttungsvorgang vor. Hier setzt die Hauptmedikamentenart zur Behandlung von Depressionen, nämlich die Antidepressiva, an: Die verhindern entweder die Wiederaufnahme der Botenstoffe in die Zelle (Wiederaufnahmehemmer) oder auch deren Abbau in ihr (Abbauhemmer) und erhöhen damit deren

Konzentration in den Zellzwischenräumen bzw. ihre Verfügbarkeit zur Wiederausschüttung, was die depressiven Symptome behebt oder zumindest lindert.

Erste Antidepressiva gab es schon Mitte des vorigen Jahrhunderts. Die modernen selektiven Präparate, die heute fast jede Depressionskranke bei entsprechenden Beschwerden bekommt, wirken in vielen Fällen ganz ausgezeichnet, haben wenig Nebenwirkungen, machen nicht abhängig, haben auch keinen Gewöhnungseffekt, was bedeutet, dass man sie auch über längere Zeit nehmen kann, ohne dass sie in der Wirkung nachlassen oder man ständig die Dosis erhöhen müsste. Sie verändern auch die Persönlichkeit nicht, im Gegenteil, sie korrigieren sogar Persönlichkeitsstörungen wieder, die durch die Depression verursacht worden sind.

Es ist allerdings oft eine harte Geduldsprobe, das richtige Medikament zu finden, speziell wenn der Leidensdruck schon sehr groß ist. Man sollte sich allerdings nicht zu rasch mit einem vielleicht bescheiden wirkenden Mittel begnügen oder diese Medikamentenart überhaupt verwerfen, wenn man nicht sofort einen durchschlagenden Erfolg hat, und doch versuchen, die Geduld aufzubringen, ein wirklich wirksames zu finden. Es lohnt sich, da ein gutes Antidepressivum einen neuen Menschen aus einem schwer kranken machen kann (ich habe da schon wahre „Wunderheilungen" erlebt) und einem wieder Lebensqualität geben kann, wo man zuvor nur mehr vegetiert hat.

Wenn ein Antidepressivum nicht sofort wirkt, muss es nicht unbedingt daran liegen, dass es das falsche ist. Es ist häufig einfach nur entsprechend unterdosiert. Hier kann man durchaus auch einmal zwei verschiedene Präparate mit jeweils unterschiedlichen Zusatzwirkungen *kombinieren*, das eine antriebssteigernd, das wird man am Morgen einnehmen, das andere beruhigend und schlaffördernd, das ist am Abend angesagt. Das Ganze erhöht dann den antidepressiven Effekt natürlich entsprechend.

Zu einer vollständigen Beschwerdefreiheit werden aber auch Antidepressiva, so gut sie im Einzelfall wirken mögen, nicht führen. Es ist schon ein Unterschied, ob das Gehirn gesund ist oder nur der Botenstoffhaushalt medikamentös stabilisiert wird. In erster Linie erreicht man durch ein entsprechendes Medikament eine Verbesserung der meisten in der Depression auftretenden Symptome, vor allem von Depressionen und oft quälenden psycho-somatischen Beschwerden (hier ist das Antidepressivum nichts anderes als ein psychisches Schmerzmittel), und auch die Schlaf-qualität nimmt deutlich zu. Darüber hinaus geht man auf seiner persönlichen Wohlfühlskala gleich einige Punkte nach oben.

Das Antidepressivum wirkt dabei aber nur so lange, wie es im Gehirn vorhanden ist. Wird es zu früh abgesetzt oder wird die Dosis zu früh verringert, werden die Einnahmezeitpunkte der Tagesmenge erheblich verändert oder vergisst man überhaupt einmal auf das Medikament, sind die Beschwerden sofort wie-der da. Man sollte da sehr vorsichtig sein.

Das Antidepressivum ist so nur eine Krücke, mehr nicht, aber eine sehr hilfreiche, und ein wirklicher Segen, vor allem für viele schwer Depressive, und man muss unendlich froh sein, dass es diese Medikamentenart in der heutigen Form und Wirkungs-stärke gibt. Vor noch nicht allzu langer Zeit haben die Menschen Depressionsbeschwerden noch unvermindert ertragen müssen bzw. sich mit dubiosen Behandlungsmethoden wie diversen Schocktherapien sowie wenig wirksamen Medikamenten mit massiven Nebenwirkungen begnügen müssen.

Während die Wirkung von Antidepressiva bei schweren Erkrankungen unbestritten ist, gibt es durchaus ernstzuneh-mende Fachleute, die dieser Medikamentenart im Falle von leichteren Beschwerden überhaupt jegliche Wirkung abspre-chen. In verschiedenen Studien hat sich gezeigt, dass manche Antidepressiva kaum von Placebos, also Scheinmedikamenten, zu unterscheiden sind. Es gibt zu diesem Thema mittlerweile eine Vielzahl von widersprüchlichen Untersuchungen; keine hatte aber bisher so viel Überzeugungskraft, dass die jeweilige Gegenseite klein beigeben hätte müssen.

Die Placebowirkung bei Psychopharmaka ist allerdings schon enorm, speziell bei einer unerfahrenen Patientin, die noch nicht weiß, wie viel Anlaufzeit das jeweilige Medikament hat, und die mit einem sofortigen Wirkungseintritt rechnet. Dann genügt schon das Einnehmen der Tabletten, noch dazu ritualisiert morgens, mittags, abends, vielleicht noch verstärkt durch das Krankenhausumfeld, um eine deutliche Verbesserung zu bewirken. Ein entsprechender Effekt tritt aber sogar dann ein, wenn die Patientin schon weiß, dass das Präparat erst nach einiger Zeit wirkt, sie aber schon mehrmals positive Erfahrung mit Psychopharmaka gemacht hat, sie gleichsam auf diese Medikamentenart „konditioniert" ist. Dass Antidepressivum und Placebo in leichten Fällen ähnlich wirken, spricht also nicht gegen das Antidepressivum, sondern eher für das Placebo.

Vorsichtig sollte man sein, wenn man das Antidepressivum reduzieren oder absetzen möchte. Das sollte man nur unter genauer Beobachtung seiner jeweiligen psychischen Befindlichkeit tun und auch nur dann, wenn man mit diesen Medikamenten schon entsprechend Erfahrung hat. Man kann in diesem Fall natürlich schon immer wieder versuchen, das Medikament mehr oder weniger stark zu vermindern, wenn es einem entsprechend besser geht. Niemand wird *mehr* Antidepressiva nehmen als unbedingt notwendig. Man wird ja auch keine Schmerztabletten schlucken, wenn man keine Schmerzen mehr hat. Sofern man allerdings merkt, dass es noch zu früh ist, und das merkt man sehr rasch, wird man dann die Dosis ja wieder entsprechend erhöhen. Die Wirkung des Medikaments setzt dann zum Glück auch relativ schnell wieder ein, man muss nicht erneut ein oder zwei Wochen warten. Über Nacht ist die ursprüngliche Wirkung wieder da.

Oft hört man von vorsichtigen Ärztinnen, dass eine Reduktion des Antidepressivums nur nach einer entsprechend langen Phase psychischer Stabilität erfolgen sollte. Das gilt speziell für die unerfahrene Patientin. Psychische Stabilität ist dabei die Fähigkeit der Gehirnzellen, aus einer kurzfristigen stressbedingten Reduktion ihrer Transmitterausschüttung möglichst rasch wieder in den ursprünglichen Zustand zurückzukehren. Das dauert bei der Gesunden oft nur wenige Sekunden oder Minuten, bei der Depressionskranken oft Tage oder sogar Wochen. Man muss nur einen psychisch völlig fitten Menschen bei der Arbeit beobachten: Der ist ausgeglichen, immer gut drauf, steckt Belastungen weg wie nichts, kaum etwas kann ihn erschüttern, er macht keine Fehler, ist zwölf Stunden täglich voll einsatzfähig, während die Kranke ihren Arbeitstag missmutig, unleidlich und genervt verbringt, es kaum schafft, ein paar Stunden ohne tolerierbare Fehler zu überstehen, sie nach jeder Stresseinwirkung noch ein bisschen mehr an psychischer Substanz, Konzentration und Leistungsfähigkeit verliert.

Es wäre möglich, dass in diesem Mechanismus auch die Lösung des Rätsels der Wirklatenz der Antidepressiva zu suchen ist. Die Gehirnzelle hält ihre krankheitsbedingt dauerhaft reduzierte Botenstoffausschüttung für den Normalzustand, da sie es nicht vermag, diese aus eigenem Zutun kurzfristig wieder zu erhöhen. Nimmt die Betreffende nun ein Antidepressivum, reagieren die Zellsensoren, die den Botenstoffspiegel in den Zellzwischenräumen laufend checken (auch ein Transmitterüberangebot ist unerwünscht, kann im Extremfall sogar tödlich enden), sofort auf die dadurch erhöhte Botenstoffmenge, und senken die – krankheitsbedingt ohnehin schon zu niedrige – Ausschüttung sofort noch weiter ab (die Wirkung des Medikaments ist somit zunächst null). Erst mit einer Verzögerung von ein bis zwei Wochen erreicht sie bei der labilen Depressionskranken, bei der das entsprechend länger dauert, wieder ihr ursprüngliches Niveau von vor der Medikamenteneinnahme und man fühlt sich, zusammen mit der Wirkung des Psychopharmakons, entsprechend besser. Bei Menschen, die auf Antidepressiva wenig bis gar nicht ansprechen, wäre auch ein Verharren der Botenstoffausschüttung auf diesem herabgesenkten Niveau denkbar, wodurch sich trotz nachweislicher Wirkung des Medikaments im Gehirn in Summe keine Besserung einstellt. Dieses Modell würde auch erklären, warum die Betroffenen die größten Beschwerden bekommen, wenn sie das vermeintlich unwirksame Präparat dann wieder absetzen und plötzlich eine massive Unterversorgung mit Serotonin bzw. Noradrenalin, mehr als vor Beginn der Medikamenteneinnahme, gewärtigen.

Seit Kurzem ist auch ein nicht oral oder intravenös verabreichtes Medikament gegen Depressionen auf dem Markt, das Esketamin-Nasenspray. Es ist angesagt bei therapieresistenten depressiven Episoden und bei psychiatrischen Notfällen zur Akutbehandlung, da es bereits wenige Stunden nach der ersten Anwendung wirkt. Es ist zwar auch kein Wundermittel, das jedem hilft, aber eine Möglichkeit *mehr* bei entsprechend schweren Erkrankungen, bei denen die herkömmlichen Antidepressiva nicht oder nur unzureichend wirken (ein weiterer „Pfeil im Köcher" der Psychiatrie). Es darf allerdings nur unter ärztlicher Überwachung angewendet werden, ist also kein Medikament, das man bei Bedarf einfach aus der Hausapotheke oder unterwegs aus der Handtasche holt.

Leider haben Antidepressiva, wie auch alle anderen Psychopharmaka, keinerlei *unmittelbare* Heilungswirkung, wie lange und in welcher Dosis man auch immer sie nimmt. Man darf sich da als Betroffene keine falschen Hoffnungen machen. Die Bezeichnung „Therapiemedikament" ist daher nicht wirklich zutreffend, „psychisches Schmerzmittel" wäre korrekter (Ersteres hat sich aber halt so eingebürgert). Daher nur brav seine Medikamente nehmen, macht einen kein bisschen psychisch gesünder, auch wenn das betreffende Präparat die Beschwerden deutlich mindert. Heilungswirkung bei einer Depression hat nur die Zeit und die Selbstheilungsfähigkeit des Gehirns, unterstützt durch die in diesem Buch beschriebenen Heilungsmechanismen.

Hat man allerdings einmal das richtige Medikament gefunden, ist das eine Investition für das ganze weitere Leben, da man es ja bei Bedarf immer wieder einsetzen kann. Natürlich ist es aber vorzuziehen, sein Leben so zu gestalten, dass man gar keine Medikamente braucht, aber das ist nicht immer so leicht; niemand ist ja vor Stresseinwirkungen wie Krankheiten oder Schicksalsschlägen gefeit.

Auch die Angst, die Medikamente vielleicht sein ganzes Leben lang nehmen zu müssen, ist unbegründet. Wenn man es richtig anstellt, ist jede Depressionserkrankung heilbar und man muss auch bei schwersten Leiden nicht die Hoffnung auf Gesundung aufgeben.

Auch die Befürchtung, dass die Depression in Phasen oder Schüben verläuft, immer wieder kommt, man sein ganzes Leben lang nicht mehr vor ihr sicher ist, braucht man nicht zu haben. Eine Depression tritt nicht ohne entsprechende Stresseinwirkung auf. Es ist nur so, dass man dann, wenn man wieder gesund ist, oft Gefahr läuft, die ursprünglich krankmachende Lebensführung mehr oder weniger wiederaufzunehmen, man erneut in eine Depression schlittert und es dann den Eindruck erweckt, die Krankheit würde noch immer in einem stecken und sich einmal verbessern und dann wieder verschlechtern (manche Depressive wird schon die Diagnose „rezidivierende Depression" bekommen haben).

Manchmal sind Depressionskranke auch in Sorge, dass ihr negatives Denken die Krankheit weiter verschlimmern könnte und man deshalb in jedem Fall zu Medikamenten, vor allem Antidepressiva, greifen sollte. Ich kann hier nur jede beruhigen. Denken ist nie schlecht für die Psyche, auch wenn es nicht immer positiv ist. Es hat im Gegenteil sogar unmittelbare Heilungswirkung. Depressives Denken ist aber natürlich auch mit entsprechenden gefühlsmäßigen Beschwerden gekoppelt und irgendwann ist der Leidensdruck dann so groß, dass man um ein hilfreiches Medikament nicht mehr herumkommt.

Generell sollte man aber möglichst auf jede Medikation verzichten und dem Gehirn unbeeinflusst seine Heilungsarbeit tun lassen. Dieses ist ja äußerst aufmerksam, registriert jede Störung bei sich selbst unmittelbar, reagiert sofort und versucht, sie möglichst rasch wieder zu beseitigen. Und es weiß nach Jahrmillionen seiner Entwicklung auch schon genau, was es zu machen hat. Eine Depression zu beheben ist für dieses unfassbare Organ keine so schwere Übung. Lediglich bei chronischen Erkrankungen muss man ein bisschen von außen nachhelfen, damit es entsprechend schneller geht. Aber auch das weiß das Gehirn. Das meine und das all jener, die sich entschlossen haben, dieses Buch zu lesen.

Sonstige Therapieformen

Neben der medikamentösen und psychotherapeutischen Behandlung von Depressionserkrankungen gibt es auch noch andere Therapieformen, die zwar weitaus nicht *die* Bedeutung haben, der Vollständigkeit halber dennoch erwähnt werden sollen.

So findet vor allem der Schlafentzug praktische Anwendung, der den Vorteil hat, sehr rasch, schon am nächsten Tag, zu wirken. Schlafentzug ist natürlich keine Dauerlösung, aber wenn die Beschwerden sehr heftig sind, kann man es durchaus einmal damit versuchen. Wichtig dabei ist, dass man die Nachtstunden möglichst aktiv, so wie man es auch am Tag macht, verbringt. Nur in einem Sessel zu sitzen und nahe am Schlafzustand dahin zu dösen, macht keinen Sinn.

Auch die Lichttherapie hat, speziell bei der Herbst-Winter-Depression, durchaus ihre Berechtigung. In den ausklingenden 1990er-Jahren, in ihrer Hochzeit, wurde sie in meinem Krankenhaus, der damaligen Oberösterreichischen Landesnervenklinik Wagner-Jauregg in Linz, sogar flächendeckend für alle Depressiven eingesetzt. Man war der Meinung, dass möglichst viel Licht bei Depressionserkrankungen generell positive Wirkung hätte. Die meisten Patientinnen zeigten sich allerdings von dem halbstündigen Starren in eine künstliche Lichtquelle nicht besonders angetan.

Bei schweren therapieresistenten Depressionen setzt man gelegentlich auch auf die Elektrokrampfbehandlung. Bei der wird durch kurze Stromstöße unter Narkose ein schnell wieder vorübergehender epileptischer Anfall ausgelöst, was auch relativ rasch zu einer Besserung der Symptomatik führt. Es werden bei dieser „Rasenmäher"-Methode, die vor allem auch in den USA sehr populär ist, doch Besserungsraten bis zu 70 % berichtet.

Auch mit Magnet- und Stromstimulationen am Gehirn werden positive Effekte erzielt. Sogar operative Eingriffe, bei denen kleinere Teile des Gehirngewebes bewusst zerstört werden,

werden bei schweren therapieresistenten Fällen nach wie vor vorgenommen.

Eine Behandlungsform, die immer mehr an Bedeutung gewinnt, ist die Sporttherapie. Dass Sport gut für die Psyche ist, nicht nur kurzfristig auf Grund der Ausschüttung endogener Glückssubstanzen, sondern auch langfristig, ist heute mehr oder weniger unbestritten (dazu ausführlich in diesem Abschnitt das Kapitel „Sport").

Beruhigungsmittel

Beruhigungsmittel oder Tranquilizer mit ihren häufigsten Inhaltsstoffen, den Benzodiazepinen, mit denen sie oft auch begrifflich gleichgesetzt werden, wirken rasch und stark, sind sehr gut verträglich, haben kaum Nebenwirkungen und lassen sich sehr gut mit anderen Psychopharmaka kombinieren. Deshalb liegt es nahe, bei schweren Depressionen, Nervosität und Unruhe, Erwartungsängsten, Angst- und Spannungszuständen, Getriebenheit, schweren Sorgen, nicht enden wollendem Gedankenkreisen und Schlafproblemen *punktuell* darauf zurückzugreifen.

Beruhigungsmittel helfen schon 25 Minuten nach Einnahme und bauen ihre Wirkung in den folgenden ein bis zwei Stunden dann vollumfänglich auf, haben aber den Nachteil, dass sie, über längere Zeit eingenommen, abhängig machen und eine Gewöhnungswirkung haben. Tranquilizer sind daher keine Therapiemedikamente (!), sondern „Nothelfer", die über kurze Zeit eingesetzt die schlimmsten Beschwerden lindern. Viele Ärztinnen haben Hemmungen, Beruhigungsmittel zu geben oder zu verschreiben, vor allem wegen der Suchtgefährdung, manche wenig empathische Fachvertreterinnen tun das sogar aus Prinzip nicht. Dass es bestimmte psychische Beschwerden gibt, zu deren Linderung noch keine anderen Medikamente verfügbar sind und die genauso weh tun wie körperliche Leiden, wird von diesen Medizinerinnen dabei, in Ermangelung eigener Erfahrungen, regelmäßig ignoriert. Keine Ärztin auf der Welt würde einer Krebspatientin das abhängig machende Morphium versagen, bei psychisch Kranken ist man da oft nicht so zimperlich.

Es gibt allerdings auch nicht wenige Fachvertreterinnen, für die die Benzodiazepine nicht der sprichwörtliche „Gottseibeiuns" sind und die kein so großes Problem damit haben. Für viele von ihnen der in Österreich bekannte Psychiater S., (ehemaliger) Leiter verschiedener einschlägiger Einrichtungen und Organisationen in unserem Land, der in seinem Berufsleben schon entsprechend viel psychisches Leid gesehen hat und auch ein ausgesprochen mitfühlendes Naturell hat, der einmal in seiner Privatordination zu mir gemeint hat: „Bevor es dir schlecht geht, *nimm* ein Xanor." Genauso ist es. Und auch auf vielen Krankenstationen, sowohl in der Psychiatrie als auch in anderen Fachbereichen, ist es heute oft kein Problem mehr, bei entsprechenden Beschwerden ein Beruhigungsmittel zu bekommen.

Der Tranquilizer ist bei richtiger und möglichst sparsamer Anwendung ohne Zweifel ein Spitzenmedikament. Während das Antidepressivum ein „unsicherer Kantonist" ist, man weiß nie, ob es anschlägt oder wie stark es wirkt, helfen Benzodiazepine praktisch immer und in gleicher Weise. Und auch eine Gewöhnung an ein entsprechendes Mittel bildet sich nach einer gewissen Zeit der Abstinenz wieder zurück und das Medikament wirkt erneut wie ursprünglich. Bei Schwerkranken wird man sogar ggf. eine Gewöhnung und vorübergehende Abhängigkeit in Kauf nehmen (wie eben beim Morphium), da sie das kleinere Übel im Vergleich zu unerträglichen Beschwerden und einem drohenden Suizid darstellen.

Beruhigungsmittel allerdings ob ihrer starken Wirkung mit Alkohol oder Drogen gleichzusetzen, was nicht selten gemacht wird, schießt übers Ziel hinaus. Sie sind nach wie vor Medikamente, die ausschließlich Beschwerden lindern und nicht berauscht oder „high" machen, auch nicht in einer hohen Dosis. Tranquilizer können lediglich den normalen Wohlfühlzustand wiederherstellen, mehr geht nicht. Es gibt, so gesehen, auch keinen Beruhigungsmittel- „Missbrauch" in dem Sinne, dass man sich am Samstagabend in der Disko eine ordentliche Menge davon vergönnt; da wird nicht viel mehr passieren, als dass man massive Nebenwirkungen bekommt und eventuell sogar im Spital landet. Es kann allerdings schon sein, dass die emotionale Verbundenheit mit dem Medikament ob seiner starken und unmittelbaren Wirkung so groß wird, dass man sogar richtige Kosenamen für bestimmte gängige Präparate erfindet. So habe ich schon Ausdrücke wie „Praxerl" für Praxiten oder auch „Xanorchen" für Xanor gehört.

Auch die Diagnose „Tranquilizer-Abusus", die gerne von Fachärztinnen für Patientinnen mit höheren Einnahmemengen gestellt wird, speziell, wenn die Betreffende dann zum Entzug ins Spital kommt, ist komplett abzulehnen. Benötigt man eine höhere Menge eines Mittels, an das man sich nach längerer Einnahme wegen entsprechend heftiger Beschwerden bereits mehr oder weniger stark gewöhnt hat, *braucht* man diese Dosis halt, um ausreichend Wirkung zu erzielen. Mit „Abusus" hat das nicht das Geringste zu tun. Und auch die gern gegebene Anweisung an die Hausärztin im Arztbrief aus dem Krankenhaus, der Patientin „tunlichst keine Tranquilizer mehr zu verschreiben" und mit anderen Medikamenten das Auslangen zu finden (welchen ???), befindet sich nahe an einer Aufforderung zum Quälen Hilfloser. Jede verantwortungsbewusste Hausärztin wird dem dann ohnehin nicht Folge leisten. Solange der Tranquilizer als Medikament (in welcher Menge auch immer) und nicht zur Leistungssteigerung eingesetzt wird, kann von „Missbrauch" oder „Abusus" nicht die Rede sein. Manchmal hilft eben nur ein Beruhigungsmittel, Punktum.

Benzodiazepin-Abhängigkeit kann schon von einer Tablette am Tag über ein paar Wochen entstehen (je schlechter die psychische Verfassung der Anwenderin ist, desto weniger „verträgt" sie). Wenn man einmal von Benzodiazepinen abhängig war und erfolgreich einen Entzug gemacht hat, hat man in zeitlicher Nähe zu diesem und wenn es einem besonders schlecht geht, speziell bei *den* Symptomen, gegen die man das Beruhigungsmittel bereits früher in erster Linie genommen hat, sicher ein erhöhtes Rückfallrisiko (hier muss man schon besonders achtsam sein). Es ist aber nicht so wie beim Alkohol, wo oft schon ein „Mon Cheri" für eine erneute Abhängigkeit genügt. Wenn es einem psychisch wieder entsprechend gut geht, vielleicht dann Jahre nach dem Entzug, ist es überhaupt kein Problem mehr, wenn man fallweise als prophylaktische Maßnahme für einen besonders stressigen Arbeitstag oder am Abend zum besseren Einschlafen ein einschlägiges Mittel nimmt. Hier ist man als ehemals Abhängige nicht *mehr* suchtgefährdet als jede andere auch.

Was das Absetzen von Beruhigungsmitteln im Fall der Abhängigkeit betrifft, ist ein Totalentzug in ca. fünf Tagen geschafft, ein schrittweises Vorgehen braucht entsprechend länger, oft Wochen oder sogar Monate. Es gibt leider noch keine Medikamente, welche die dabei auftretenden Beschwerden wirklich erträglicher machen (lediglich das Beruhigungsmittel selbst). Da ein Totalentzug doch sehr heftig ist, wird meist eine langsame Reduktion angesagt sein, speziell dann, wenn man eine höhere Dosis über entsprechend lange Zeit eingenommen hat. Wenn man sich die Zeit nimmt, ist die ganze Prozedur überschaubar.

Ein Tranquilizerentzug wird, wie oben angesprochen, auch im Krankenhaus stationär durchgeführt. Hier fällt er einem meist deutlich leichter als zu Hause, da man vielerlei Ablenkung hat (ist beim Entzug ganz wichtig) und nicht dauernd daheim im Bett liegt und leidet. Sonst sollte jedoch in jedem Fall zumindest eine Fachärztin konsultiert werden, da gesundheitliche Komplikationen auftreten können. Eine *psychische* Entwöhnung in einer Spezialklinik im Anschluss an den erfolgten Entzug ist auch oft möglich, obwohl diese beim Beruhigungsmittel bei Weitem nicht so problematisch ist wie vor allem beim Alkohol.

Die vier „Zauberworte"

Eine chronische Depression oder Angststörungen dadurch wieder loszuwerden, dass man seine Tabletten nimmt und gelegentlich bei der Fachärztin und der Psychotherapeutin vorbeischaut und ansonsten alles beim Alten belässt, wird nicht funktionieren. Das ist definitiv zu wenig. Man muss schon selbst etwas dazutun. Oft bedarf es einer radikalen Änderung der Lebensführung, auch wenn das manchmal mühsam und schmerzhaft ist, sonst steht man am Ende des Tages mit der Erkenntnis da, dass man zwar in den Augen der anderen ein Leben lang gut funktioniert hat, eine angesehene bürgerliche Existenz war, mit 45 Jahren Vollzeitberufstätigkeit (vielleicht sogar einer kleineren oder größeren Karriere), Familie, Eigenheim, Mercedes in der Garage und gut gefülltem Bankkonto, aber subjektiv nicht viel Angenehmes und Lebenswertes von seiner irdischen Existenz gehabt hat. Und sich als Ausgleich dazu auf den anschließenden Eintritt in die ewige Glückseligkeit zu verlassen, kann auch schiefgehen.

Die vier „Zauberworte" zur Ausheilung chronischer Depressionserkrankungen oder Angststörungen, ohne die es nicht gehen wird, lauten:

- Wechselspiel von Belastung und Erholung,
- Sport,
- geistige Betätigung und
- Arbeit.

Wechselspiel von Belastung und Erholung

Unkontrollierter Stress macht psychisch krank, aber mit den entsprechenden Regenerationsphasen auch wieder gesund. Es ist hier wie mit dem Schlangengift: Das Gegengift wird genau aus ihm selbst hergestellt, in einer entsprechend geringeren Dosis. Auch durchaus stärkere Belastungen kann das Gehirn dabei gut kompensieren und heilt in den Erholungszeiten danach, quasi als Fleißaufgabe, jedes Mal auch ein kleines Stück der chronischen Erkrankung aus.

Die Abwechslung zwischen Be- und Entlastung des Gehirns, zwischen Stresseinwirkung und anschließender Erholung, das bewusste Herbeiführen kurzer depressiver bzw. ängstlicher Phasen ist dann besonders wichtig, wenn man gute Medikamente hat oder auch bei larvierten Erkrankungen. Das Gehirn heilt nämlich dann am besten, wenn es entsprechende psychische Beschwerden verspürt. Es weiß dann, dass etwas mit ihm nicht stimmt und es entsprechend gefordert ist, Heilungsanstrengungen zu unternehmen. Wenn man sich dagegen wohlfühlt, wird im Genesungsprozess nicht viel weitergehen. Das ist leider so. Der Weg zurück zur psychischen Gesundheit ist halt doch etwas steinig. Aber es zahlt sich aus, ihn bis zum Ende zu gehen.

Wenn man bewusst mit diesem Wechselspiel einmal angefangen hat, setzt das Gehirn diesen Prozess regelmäßig von allein durch eine entsprechende Lebensführung fort. Dass das Ganze oft nicht angenehm ist und mit mehr oder weniger starken Beeinträchtigungen der Befindlichkeit und des psychischen Wohlbefindens verbunden ist, ist leider nicht zu vermeiden. Aber wenn man entsprechend vorsichtig ist und nicht zu extrem vorgeht, ist das schon machbar. Die Erfolgserlebnisse und die Befreiung, wenn man merkt, dass die Erkrankung sich immer mehr bessert, dass nach jeder Episode sich eine erkennbare Verminderung der chronischen Symptomatik einstellt, entschädigen für die meist kurzfristigen Beschwerden. Außerdem wird man sich zwischendurch natürlich auch immer wieder mehr oder weniger lang Ruhe gönnen, so lange, bis man wieder bereit für eine neue Episode ist.

Der Heilungsverlauf wird sich durch die zunehmende Stabilität und die kürzer werdenden Erholungszeiten auch immer mehr beschleunigen, was die damit verbundene Befriedigung noch mehr steigert und einen die unvermeidlichen Down-Phasen fast nicht mehr als solche spüren lässt.

Welche Art von Belastung man im Einzelfall wählt, ist eigentlich egal. Zu Beginn werden schon eine selbstständige Haushaltsführung und die alltäglichen Wege Anstrengung genug sein. Später ist eine Verbindung mit den übrigen drei Zauberworten – Sport, geistige Betätigung und Arbeit – besonders naheliegend.

Auch hier ist die Sensible und weniger gut Belastbare (wie so oft) erheblich im Vorteil. Bei ihr genügen bereits relativ geringe Beanspruchungen für das Auslösen einer Episode. Sensible Menschen schlittern zwar viel häufiger in eine Depression, kommen allerdings auch ungleich rascher wieder heraus. Die psychisch Robuste dagegen muss sich schon entsprechend starken Belastungen aussetzen, um das ganze Prozedere zu initiieren. Für sie werden sich daher mehr die anderen drei Zauberworte zur Ausheilung ihrer Erkrankung anbieten.

Chronische Depression und bipolare Symptomatik

Bei manisch-depressiven (bipolaren) Episoden geschieht dieses Wechselspiel von Belastung und Erholung in idealtypischer Art und Weise. Zuerst die mehr oder weniger starke Umtriebigkeit und Rastlosigkeit in der Manie, die häufig auch mit starker Stressbelastung verbunden ist, im Anschluss die depressive Phase, die einen dann zur Erholung quasi zwingt, da oft gar nichts mehr geht. So gesehen ist eine bipolare Symptomatik keine

„Störung" oder Krankheit, sondern das Gegenteil, ein Mittel zur Ausheilung einer chronischen Depression.

Das Interessante an einer bipolaren Episode ist ja vor allem die Manie, die so schwer fassbar ist. Es gibt sie in unterschiedlichen Schweregraden. Oftmals sieht man nur ein leicht erhöhtes Aktivitätsniveau, das von der Gesellschaft und der Betroffenen selbst häufig sogar sehr positiv als *Fleiß* gesehen wird und wo nur kurze depressive Phasen von wenigen Tagen folgen, ein andermal fällt sie entsprechend massiv aus, mit monatelangen schweren Depressionen im Anschluss. Charakteristische Anzeichen einer Manie sind Stimmungshoch, gesteigertes Selbstbewusstsein mit einem entsprechenden Auftreten, vor allem aber ausgeprägter Beschäftigungsdrang mit nur kurzen Ruhephasen. In der extremen Hochstimmung glaubt die Betroffene, alles zu schaffen, unbegrenzt belastbar zu sein, die Beste und Wichtigste zu sein, alle anderen zu übertreffen. Aber auch in der Manie wird die Kranke nicht nur unendlich glücklich sein; die ständigen Überbeanspruchungen tun schon auch immer wieder psychisch weh.

Der Übergang von der manischen in die depressive Phase erfolgt dann ausgesprochen abrupt. Man merkt von einem Tag auf den anderen: „So jetzt ist sie da." Man ist dann entsprechend niedergeschlagen, weiß, dass es einem nun für einige Zeit schlecht gehen wird. Man denkt zurück, wie lange die Manie gedauert hat, wie intensiv sie war, um in etwa abschätzen zu können, wie lange die Depressionsphase dauern wird und wie schwer sie ausfällt. Da in der Folge auch die psychische Belastbarkeit regelmäßig deutlich herabgesetzt ist, sollte man möglichst jeden unnötigen stärkeren Stress vermeiden, um das Ganze entsprechend rasch hinter sich zu bringen. Um es leichter nehmen zu können, wird man sich – wie bei allen depressiven Zuständen – auch hier stets vor Augen halten, dass das Leiden nicht komplett sinnlos ist, sondern dass die zugrunde liegende chronische Depression dabei besonders rasch heilt und man sich auf die meist deutlichen Verbesserungen der Erkrankung im Anschluss freuen kann.

Oft sind manische und depressive Phasen allerdings nicht so eindeutig voneinander trennbar bzw. sind nicht so akzentuiert. Eine depressive Phase im Zuge einer bipolaren Episode ist daher oft nicht ganz leicht von einer *reinen* depressiven Episode ohne vorhergehende Manie zu unterscheiden. Man kommt dann als psychisch Beeinträchtigte oft gar nicht auf den Gedanken, bipolar zu sein, bzw. es dauert Jahre, bis man sich diesbezüglich im Klaren wird. Aber auch die vermeintlich psychisch Gesunde hat aktivere Zeiten im Leben, in denen man entsprechend umtriebig ist, gar nicht weiß, was man zuerst angehen soll, alles Mögliche plant, größere Unternehmungen, Projekte startet, überall mit dabei ist, und dann wieder beschaulichere Phasen, in denen man mehr zur Ruhe kommt und sich eher zurückzieht.

Auch kann es im Anschluss an eine Manie durchaus zu sog. „gemischten" Phasen kommen, bei denen die depressiven Beschwerden durch Symptome anderer psychischer Störungen, wie der Schizophrenie und der Angsterkrankung, ergänzt werden. Paranoia oder Ängste können dabei sogar im Vordergrund stehen und die depressiven Beschwerden dominieren (insbesondere, wenn man ein gut wirkendes Antidepressivum nimmt). Die Tatsache, dass es auch „manisch-schizophrene" und „manischängstliche" Episoden gibt, ist ein weiterer Hinweis dafür, dass die in diesem Buch ursprünglich für die chronische Depression beschriebenen Heilungsmechanismen auch bei chronischer Schizophrenie und Angst die Mittel der Wahl sind.

Man fragt sich in diesem Zusammenhang manchmal, warum die Depressive ihre manische Aktivität nicht einfach bewusst abstoppt, wenn sie doch schon aus Erfahrung wissen muss, dass sie um entsprechend schwere Depressionszustände im Anschluss nicht herumkommt. Das Ganze ist nicht so einfach, wie man meint: Das Gehirn ist ungemein gewandt darin, durch entsprechendes Denken die Manie aufrechtzuerhalten („ich bin so belastbar, das halte ich schon aus"; „einige Zeit geht das schon"; „ich bin wieder so gesund, dass mir das nichts aus macht"; u. Ä.). Meist kommt die Betroffene aber ohnehin gar nicht auf die Idee, in einer Manie zu sein. Und der Gedanke an eine nachfolgende Depression ist in der ausgeprägten Hochstimmung gar nicht möglich. Die bipolare Symptomatik zeigt einmal mehr doch sehr deutlich, wie wenig selbstbestimmt und wie viel Chemie der Mensch manchmal ist.

Warum die *eine* chronisch Depressive eine bipolare Symptomatik entwickelt und die andere nicht oder nur in viel schwächerer Form, wird wohl einer Veranlagung geschuldet sein. Jedenfalls hat die Manisch-Depressive der vermeintlich Gesunden, die oft ihr Leben lang an einer larvierten Depression leidet, einen angeborenen Mechanismus zur vollkommenen Wiederherstellung ihrer psychischen Gesundheit voraus.

Nicht zuletzt ist eine bipolare Symptomatik aber ein dringendes Warnzeichen an die Betroffene, sich ihre Lebensführung in Vergangenheit und Gegenwart einmal genauer zu besehen und sich über verschiedene – oftmals verdeckte – Stressquellen, die in Summe zu einer Depressionserkrankung geführt haben, bewusst zu werden. Wenn man diese Belastungen nicht ausschaltet, ist eine Genesung nicht möglich und die bipolaren Episoden nehmen kein Ende.

Man muss also als Manisch-Depressive keineswegs verzweifeln und befürchten, dass man diese oft extrem belastenden Zustände sein Leben lang nicht mehr loswird. Ist die chronische Depression einmal ausgeheilt, gehören auch bipolare Episoden der Vergangenheit an. Außerdem werden sie mit zunehmender psychischer Gesundung ein ums andere Mal deutlich schwächer. Am Medikamentensektor existieren darüber hinaus antimanische und phasenstabilisierende Psychopharmaka, die sicher eine Option bei einer besonders ausgeprägten Symptomatik sind (schwer Manisch-Depressive haben eine Suizidalität von 15 %). Meist ist aber die Begeisterung der Betroffenen für eine medikamentöse Behandlung enden wollend, sie *spüren*, dass man dem Ganzen seinen Lauf lassen muss. Und eine Zwangsmedikation, wie sie sogar heute noch gelegentlich propagiert wird, ist wohl indiskutabel.

Glückssubstanzen

Es gibt nicht nur von außen zugeführte Substanzen, wie Alkohol oder Drogen, die das subjektive Wohlbefinden erhöhen, der menschliche Körper kennt auch *selbst* erzeugte glücklich machende Stoffe. Viele werden schon von „Endorphinen" oder auch „Dopamin" gehört haben. Auch Serotonin und Noradrenalin sowie das Stresshormon Adrenalin werden in diesem Zusammenhang oft genannt. Weniger bekannt sind „Oxytocin" („Kuschelhormon", fördert soziale Bindungen) und „Phenetylamin" („Lust- oder Liebeshormon").

Das Wirken endogener Glückssubstanzen im Gehirn ist im Einzelnen noch nicht völlig geklärt, man weiß noch nicht einmal, welche von ihnen für den stimmungssteigernden Effekt des Ausdauersports verantwortlich sind. Früher standen speziell die Endorphine im Brennpunkt, so gut wie jede positive Wirkung auf die Gefühlslage wurde auf sie zurückgeführt. Heute geht man mehr und mehr zugunsten anderer Substanzen davon ab.

Ursachen für die mehr oder weniger intensive Erzeugung von Glücksstoffen durch den Körper und das Gehirn gibt es viele: starke Glücksmomente und -erfahrungen; Erfolgserlebnisse; Gemeinschaftserlebnisse wie ein Popkonzert, eine große Sportveranstaltung oder eine Kirchenmesse; ein wohlverdienter Feierabend; ein Lob vom Chef oder ein schönes Kompliment; eine ausgiebige Shopping-Tour; Küssen und Kuscheln; vor allem aber Ausdauerbewegung.

Die Wirkungs*dauer* von Glückssubstanzen im Gehirn ist ausgesprochen unterschiedlich: Solche, die im Sport freigesetzt werden, zeigen sich nur ein paar Stunden, dagegen machen sich starke Erfolgs- und Glückserlebnisse durchaus ein paar Tage wohltuend bemerkbar. Besonders erwünscht sind natürlich solche Substanzen, die das Wohlbefinden auf Dauer erhöhen wie insbesondere das Serotonin. Es ist wohl der gefühlt wichtigste Glücksstoff im Gehirn. Im Verbund mit ausreichender beruhigender und entspannender GABA-Wirkung (beide sind

im Empfinden gar nicht trennscharf voneinander abzugren-
zen) führt es zu Wohlbefinden, Entspanntheit, gutem Schlaf,
angenehmen Gedanken, Ausgeglichenheit, Zufriedenheit, Ruhe
und Gelassenheit, Abgeklärtheit, Umgänglichkeit, Aktivitätsbedürfnis, erhöhter Kreativität und Leistungsfähigkeit, gerin-
gerer Fehleranfälligkeit, verbesserter Stabilität und Belastbarkeit, Selbstbewusstsein, „Coolness".

Endogene Glücksstoffe haben dabei insbesondere den Vorteil,
dass sie keine abträglichen Auswirkungen auf den Organismus
haben. Manche von ihnen können aber durchaus auch süchtig machen und zu Entzugserscheinungen führen und können sogar zur
Leistungssteigerung missbraucht werden. So hält manche Berufstätige und Workaholic in einem Stressjob ihr berufliches „Funktionieren" und ihr psychisches Wohlbefinden über Jahre nur mehr
durch Glücksstoffe aus Erfolgserlebnissen bei der Arbeit aufrecht.

Die Empfindungen, die mit der Ausschüttung von Glückssubstanzen einhergehen, reichen von ekstatischen Glücksgefüh-
len (eine Fußballspielerin schießt ein entscheidendes Tor in der
letzten Spielminute, ein Rennfahrer gewinnt einen Grand Prix)
über ein „die ganze Welt umarmen können" (Frischverliebte) bis
hin zu absolutem Wohlbehagen (nach ausgiebiger Sportausübung
oder nach einem erfüllten Arbeitstag).

Für die Depressionskranke gilt es jetzt, herauszufinden, welche das Wohlbefinden steigernde Ereignisse, Erlebnisse und Aktivitäten es für sie gibt, wie stark die dabei erreichte Wirkung
ist und wie lange sie anhält. Zu beachten gilt jedoch immer, dass
bestimmte glücklich machende Aktivitäten durchaus auch starken Stress bedeuten können und der Saldo aus Glücksgewinn auf
der einen Seite und Belastung andererseits negativ wird. Zwei
Stunden Laufen erhöht zwar kurzfristig die psychische Befindlichkeit erheblich, der dabei aufgeladene Stress kann sich bei der
Labilen aber spätestens am nächsten Tag, wenn die Glücksstoffe
sich verflüchtigt haben, massiv negativ bemerkbar machen.

Ein besonderer Vorteil endogener wie auch exoge-
ner Glückssubstanzen ist die Tatsache, dass sie neben der
Befindlichkeitssteigerung auch die Erholung nach Stresseinwirkung

deutlich verbessern und beschleunigen. Das merkt vor allem der arbeitende Mensch. Ein oder zwei Bier am Abend zur Belohnung im Stammlokal oder auch zu Hause vor dem Fernsehapparat sind schon Usus. Auch Sportlerinnen oder Schülerinnen und Studierende wissen, dass ein Erfolg bei einer Sportveranstaltung oder Prüfung die Regeneration von Training oder Studium wesentlich beschleunigt und man viel schneller wieder voll einsatzfähig ist als nach einem Misserfolg.

Sport

Sport ist die beste Möglichkeit, *gezielt* zu einer Freisetzung von Glückssubstanzen zu kommen. Dagegen sind positive Erfahrungen und Erfolgserlebnisse nicht wirklich planbar oder beliebig herbeizuführen. Sport wirkt dabei dreifach: Er steigert kurzfristig die psychische Befindlichkeit erheblich, beseitigt mittelfristig Ängste, Sorgen, Schlafprobleme und trägt auf lange Sicht ganz wesentlich zur Heilung einer Depression oder Angststörung bei. Man kann ihn zeitlich und in der Intensität steuern, ihn ausüben, wann und so oft man will, man kann ihn vor allem auch dann einsetzen, wenn es einem aus irgendeinem Grund einmal nicht so gut geht. Nach einer Stunde Ausdauerbewegung fühlt man sich gleich besser. Sport ist quasi das „Aspirin der Seele".

Sport ist nur bei jenen Menschen nicht angesagt, die noch am Anfang ihrer Erkrankung stehen und besonders schlecht belastbar sind bzw. die auf Sport generell nicht so gut ansprechen. Hier werden die ausgeschütteten Glücksstoffe oft den dabei aufgeladenen Stress nicht kompensieren können. Die erheblich psychisch Beeinträchtigte sollte daher sehr vorsichtig sein, dass der Sport bei ihr nicht mehr Schaden anrichtet, als er nützt. Der pauschale Rat vieler Ärztinnen, sich sportlich zu betätigen, ist daher nicht für alle und jede der richtige. Dann geht man als Schwerkranke auf dringendes ärztliches Anraten ein paar Mal Nordic Walken, merkt, dass es einem danach jedes Mal entsprechend schlecht geht und hört schnell wieder auf – und fängt leider oft nie wieder damit an, auch wenn man wieder in besserer Verfassung ist.

„Sport ersetzt ein Antidepressivum", das ist gängige Ansicht. Das stimmt allerdings so nicht. Antidepressiva wirken doch ganz anders im Gehirn als der Sport. Sie haben eine kontinuierliche beschwerdelindernde Wirkung, während dagegen der kurzfristige positive Effekt aus dem Sport sich nach ein paar Stunden wieder verflüchtigt hat. Langfristig hat Sport allerdings, im Gegensatz zu Psychopharmaka, auch eine *Heilungs*wirkung bei psychischen Erkrankungen. Der beeinträchtigte Botenstoffhaushalt konsolidiert sich dabei nämlich zunehmend – *wie* der Sport das macht, ist leider noch ungeklärt.

Eine deutliche Zunahme des allgemeinen psychischen Wohlbefindens und eine markante Stimmungssteigerung wird sich bereits nach wenigen Tagen Sporteln einstellen. Nach einigen Wochen merkt man dann, dass die empfundene Lebensqualität auf ein höheres Level geht und man buchstäblich ein anderer Mensch mit einem ganz anderen Auftreten wird. Viele Kranke sind dann ganz erstaunt über die enormen Verbesserungen, die sich nach und nach einstellen, und die Motivation, so weiterzumachen, steigert sich immer mehr.

Sport sollte man aber nicht nur bei psychischen Problemen, sondern generell und am besten jeden Tag machen, für die körperliche und die psychische Gesundheit. Der Mensch hat zwei Arme und zwei Beine, nicht um neun Stunden am Tag im Büro oder an der Registrierkasse bzw. im Feierabend auf der Couch zu sitzen oder jeden Meter mit dem Auto zu fahren, sondern, um sich zu bewegen. Tut man das nicht, hat das mittel- und langfristig fatale und meist irreversible Auswirkungen auf den gesamten Organismus. Jeder Körperteil (ob Muskel, Herz, Lunge), der nicht seiner Funktion entsprechend beansprucht wird, verkümmert und wird meist irgendwann krank bzw. versagt überhaupt seinen Dienst.

Erst im fortgeschrittenen Alter, in der Pension, wenn man Zeit und Lust für körperliche Bewegung und eine gesunde Lebensweise hat, mit dem Sport zu beginnen, ist meist schon viel zu spät. Dann ist der Körper oft bereits entsprechend geschädigt von jahrzehntelangem zu hohem Blutdruck, zu viel Cholesterin und Zucker, Übergewicht, Alkohol- und Nikotinkonsum und nicht zuletzt vom Stress. So ist es dann bei vielen Leuten reine Glückssache, ob sie gesund und vor allem überhaupt alt werden.

Viele Menschen sind auch der Meinung, wenn sie sich im Job bewegen, genügt das. Leider ist dem nicht so. Auch intensive körperliche Arbeit kann regelmäßige Sportausübung nicht ersetzen, wie eine aktuelle Studie belegt, im Gegenteil, sie erhöht höchstens den Blutdruck.

Und dass Sport beim Abnehmen hilft, ist auch kein großes Geheimnis. Wenn man im Hinterkopf hat, dass man am Morgen schon ein paar Hundert Kalorien beim Walken verbraucht hat und gleichsam schon einen „Bonus" hat, ist man tagsüber zu einem zusätzlichen Einschränken der Nahrungsaufnahme gleich viel motivierter.

Und nicht zuletzt macht Sport ja auch Spaß. Radfahren an einem sonnigen und warmen Sommertag, Schifahren bei Kaiserwetter, Walken in einer netten Gruppe, Fußballspielen mit den Freundinnen und Freunden u. v. m. So ist dann oft wirklich der *Weg* zu einem gesunden Körper und einer gesunden Psyche letztendlich das *Ziel*.

In diesem Zusammenhang auch ein deutliches Plädoyer für die Teilzeitarbeit: Ein Mensch, der neun Stunden am Tag schwer schuftet, hat am Abend, noch dazu vielleicht im Winter, wenn es schon dunkel und ungemütlich draußen ist, regelmäßig keine Lust und auch keine psychische Energie mehr, sich entsprechend sportlich zu betätigen. Und nur am Wochenende einmal kurz (weil kurzatmig) laufen zu gehen, ist definitiv zu wenig. Auch Sport kostet psychische Kraft und nur ein Mensch, der genug davon übrig hat und nicht alles bei der Arbeit verbraucht, wird ihn auf Dauer ausüben (können). Wer nach einem langen, stressigen Arbeitstag dann noch mit entsprechender Überwindung eine Stunde laufen geht oder sich im Fitnessstudio plagt und nicht zu den extrem Belastbaren gehört, wird bald merken, dass das auf Dauer der Psyche alles andere als zuträglich ist. Hier erreicht man genau das Gegenteil von dem, was man beabsichtigt.

Der Lustgewinn beim Sport hat dabei im Wesentlichen drei Ursachen: einmal die rhythmische Ausdauerbewegung (extrem bei Marathon, Tour de France), des Weiteren das Tempo (extrem beim Schifahren oder Motorsport – „Rausch der Geschwindigkeit") und nicht zuletzt die Erfolgserlebnisse (extrem beim Bergsteigen mit Gipfelsieg oder Torerfolg beim Fußball).

Welche *Art* von Sport man wählen sollte, lässt sich nicht generell beantworten. Es muss nur etwas sein, das man wirklich gerne macht. Mir persönlich und offenbar auch vielen anderen Menschen tut gemütlich Radfahren unheimlich gut. Es ist vielleicht sogar *die* Sportart für die mehr oder weniger psychisch gesunde und fitte Durchschnittsbürgerin. Es macht ausgesprochen Laune, da etwas vorwärtsgeht (vor allem E-Bikes, die höheres Tempo mit weniger Anstrengung ermöglichen, werden immer populärer). Die Ausdauerbewegung und das Erfolgserlebnis im Anschluss an eine geschaffte Tour wirken noch zusätzlich Wohlbefinden steigernd. Die Belastung ist nicht sehr hoch, die Bewegung natürlich und schonend und auch ein psychisch u. U. erheblich beeinträchtigter Mensch kann es relativ lange machen, ohne zu ermüden oder depressive Beschwerden zu bekommen. Allerdings sind die Kosten für ein ordentliches Bike oder gar E-Bike relativ hoch. Oft muss auch noch das Auto zum Transport des Sportgeräts adaptiert werden. Mit dem entsprechenden Outfit kann man schon bald im Frühling und noch weit bis in den Herbst hinein radeln. Wie lustbringend diese Sportart ist, zeigt sich auch daran, dass es gar nicht so wenige Leute gibt, die sie sogar im strengen Winter bei Minustemperaturen ausüben und manche für ihre Rennmaschine oder das Mountainbike Tausende Euro ausgeben.

Speziell in der Übergangszeit ist auch eine dem Radfahren ähnliche Sportart, das Inline-Skaten, eine gute Möglichkeit, zu seinem sportlichen Lustgewinn zu kommen. Inline-Skates sind nicht so teuer, man benötigt auch kein spezielles Outfit (die Schutzbekleidung lässt man nach ein paar Mal Fahren wieder weg, da Tempo und Sturzgefahr nicht sehr hoch sind). Die Technik ist rascher erlernt, als man glaubt, und dann macht es richtig Freude. Inline-Skaten ist allerdings schon etwas schweißtreibend und doch anstrengender als Radfahren und man sollte – vor allem zu Beginn – darauf achten, es nicht zu übertreiben, sonst kann es sein, dass man nach ein paar Tagen die Freude verliert und die Skates im Kellerabteil verschwinden.

In der kalten Jahreszeit ist sicher Walken eine gute Alternative. Man kann es beinahe überall und bei jedem Wetter machen. Allerdings fehlt dabei der Lustgewinn aus dem Tempo wie beim Radfahren oder Skaten. Insbesondere Waldspaziergänge sind eine wahre Wonne.

Etwas, das man das ganze Jahr über machen kann, ist Schwimmen. Es ist wenig anstrengend für Körper und Psyche und macht einfach Spaß. Man kann es auch länger machen, ohne die Lust zu verlieren. Wie beliebt diese Sportart ist, sieht man auch daran, dass gar nicht wenige sie bereits im Frühsommer bei jedem Wetter und bei Wassertemperaturen deutlich unter zwanzig Grad an den Badeseen ausüben.

Für manches Konditionswunder und zähen Menschentypus ist auch langsames ausdauerndes Laufen nicht zu anstrengend. Für die Durchschnittsbürgerin ist es aber meist nicht wirklich empfehlenswert. Das macht man ein paar Mal mit entsprechender Überwindung, dann lässt man es wieder (insbesondere das Joggen zum Gewichtreduzieren für die Untrainierte ist ein absolutes No-Go). Man kann immer und fast überall laufen, braucht auch kein teures Outfit. Sogar Menschen in einem höheren Alter (über 80-Jährige) mit entsprechender Physis laufen noch den einen oder anderen Marathon im Jahr.

Wenn man sich auch den Lieblingssport der Österreicherinnen, das Schifahren, wieder zutraut, wird man möglicherweise einmal andenken, in einen Wintersportort zu fahren, vielleicht sogar einen Schiurlaub zu machen. Auch das Schifahren macht viel Laune (zeigt sich nicht zuletzt auch daran, dass viele nach einem Tag auf der Piste noch Lust zum Après-Ski haben und ausgiebig die Glücksstoffe in ihrem Gehirn genießen). Es geht ordentlich etwas vorwärts und die Stressbelastung ist, wenn man es entsprechend gemütlich angeht, nur gering. Lediglich die Ausrüstung ist etwas kostspielig, aber man muss ja nicht das Teuerste nehmen.

Auch körperliche Bewegung im Rahmen von Mannschaftssportarten, wie vor allem dem populären Fußballsport, ist äußerst empfehlenswert. Die Abfolge von raschem Laufen und dann wieder kurzem Rasten sorgt für erhebliches Wohlbefinden. Dazu kommt noch das Gemeinschaftserlebnis, das eine oder andere Glas Bier danach, welches das Ganze für die Betreffenden noch attraktiver macht. Wenn man es einmal entsprechend gut kann, erhöht sich der Lustgewinn sogar noch durch Erfolgserlebnisse in Form erzielter Tore. Es gibt schon in beinahe jedem kleineren Ort eine entsprechende Sportanlage und einen lokalen Fußballverein mit Betätigungsmöglichkeiten vom Kindes- bis zum Seniorenalter (neben dem Sport auch ehrenamtlich als Trainerin oder Funktionärin), für Männer und immer mehr auch für Frauen (die meisten großen Fußballvereine international haben heute bereits Frauenprofiteams, im Stadion des FC Barcelona waren kürzlich 90 000 Zuseherinnen bei einem Frauen-Bewerbsspiel, und auch der populäre österreichische Fußballclub Rapid hat vor Kurzem erst ein Frauenteam ins Leben gerufen). Fußballspielen sollte man schon relativ früh im Leben beginnen, da die Technik doch ziemlich anspruchsvoll ist. Ob man sich – entsprechendes Talent vorausgesetzt – auch die Teilnahme an einem Meisterschaftsbetrieb mit wöchentlichen Trainingseinheiten und regelmäßigen Bewerbsspielen am Wochenende antut, sollte wohlüberlegt sein. Das ist auf Dauer schon sehr substanzzehrend, körperlich, aber vor allem auch psychisch. Das sollte man doch eher den Gesunden überlassen.

Die hier aufgezählten Sportarten sind lediglich Anregungen aus meinem persönlichen Erfahrungsschatz. Es gibt in diesem Bereich unendlich viele Möglichkeiten. Welchen Sport man jedoch auch immer wählt, die Devise dabei muss für die psychisch

Beeinträchtigte stets lauten: möglichst viel Lustgewinn (Ausdauer, Tempo, Erfolgserlebnisse) mit möglichst wenig Anstrengung und Stressbelastung (Kraftsport, Mountainbiken, Berglaufen oder ähnlich Strapaziöses sollte es daher nicht unbedingt sein).

Und Sport macht man am besten im Freien: Von der Anschaffung von Sportgeräten zum Ausdauertraining für den Heimgebrauch (diverse Hometrainer) sei dringend abgeraten, das macht man nicht lange. Die verstauben über kurz oder lang im Kellerabteil. Und den Erwerb eines Abos für das Fitnessstudio sollte man sich als Ausdauersportlerin ebenfalls gut überlegen.

Bezüglich der *Intensität*, mit der man Ausdauersport betreibt, gilt als Faustregel, dass er dann besonders gesund für Körper und Psyche ist, wenn man während der Bewegungsausübung mit der Nasenatmung das Auslangen findet und nicht ins „Schnaufen" gerät. Auch sollte man sich, wenn man zusammen mit anderen unterwegs ist, noch in einer normalen Lautstärke unterhalten können. Geht das nicht mehr, ist das ein deutliches Zeichen dafür, dass man übertreibt und entsprechend Stress hat. Die Vorteile *gemütlicher* Sportausübung liegen vor allem darin, dass man neben Kohlehydraten auch Fett verbrennt und dadurch Gewicht verliert, man im Anschluss kaum ein Hungergefühl entwickelt, sich die Adern stark weiten und der ganze Körper mit Sauerstoff durchflutet wird, der Blutdruck heruntergeht, Ablagerungen in die Blutgefäße sich deutlich reduzieren oder sogar zurückbilden, vor allem aber – ganz entscheidend – dass man auch am nächsten Tag wieder Lust hat, die Sportschuhe hervorzuholen.

Dagegen ist Bewegungsausübung, bei der man ständig an seine Grenzen geht (Beispiele: intensives Laufen, Skaten oder Rennradfahren), äußerst abträglich für den Körper, aber insbesondere für die Seele. Das sollten sich insbesondere junge Männer, die hier ihre körperliche Leistungsfähigkeit unter Beweis stellen wollen, schon vor Augen halten. Das Ganze ist noch dazu auch wenig vergnüglich, drückt letztendlich sogar auf die Stimmung. Die Betroffenen sind oft richtiggehend grantig und aggressiv, man muss ihnen nur ins angespannte, hochrote und schmerzverzerrte Gesicht schauen, das kann nicht gesund und aufbauend sein. Ebenso vermindert sich die Motivation, es wieder zu machen, drastisch – speziell, wenn man während der Woche noch dazu im Job gefordert ist. Dann will man auch oft am Wochenende all das an „gesunder" sportlicher Bewegung nachholen, was man während der Woche versäumt hat, und tritt erst recht in die Pedale und der Teufelskreis ist perfekt.

Wenn man während der Sportausübung ständig daran denken muss, wie viel Wegstrecke bzw. Programm noch vor einem liegt und das Finish herbeisehnt, anstatt einfach nur den Moment zu genießen, und man im Anschluss Erleichterung empfindet, dass man es für heute wieder „geschafft" hat, macht man es falsch. Wenn man dagegen das Gefühl bekommt, immer so weitermachen zu können („Bikers Flow", „Runners Flow", „Walkers Flow"), und dann schon entsprechende Vorfreude aufs Sporteln am nächsten Tag entwickelt, macht man es richtig. Wenn man jedes Mal vor dem Hinausgehen ins Freie den „inneren Schweinehund" überwinden muss, man keine Freude an der Bewegung entwickelt, wird man es nicht lange tun.

Was den *Umfang* sportlicher Betätigung betrifft, sind, speziell für die psychisch nicht ganz so Belastbare, mehrere kleine Einheiten von vielleicht einer halben Stunde, auch mal so zwischendurch zur Stimmungsaufhellung, besser als zwei Stunden en bloc: Wenn man draußen unterwegs ist und nach einer Stunde merkt, dass es einem zu viel wird, man nicht mehr mag, muss man den Rückweg notgedrungen auch noch absolvieren. Wenn man dagegen nach einer kurzen Tour wieder zuhause ist und einen das nochmalige Hinausgehen einfach nicht mehr freut, lässt man es für diesen Tag bleiben. Man muss auch nicht jedes Mal das gleiche Pensum abspulen und sollte hier durchaus flexibel sein und auf sein Bauchgefühl achten. Auch ist es besser, sich zu Beginn einer Bewegungseinheit nicht gleich ein besonders umfangreiches Programm vorzunehmen, sodass man dann gefrustet ist, wenn man es nicht schafft; lieber weniger planen und sich dann freuen, wenn unerwarteterweise *mehr* geht. Auch sollte man nicht ständig das Abnehmen und die verbrannten Kalorien im Hinterkopf haben, das trübt das Vergnügen erheblich und man übertreibt meist.

Sportausübung ist so gesehen eine sehr *individuelle* Sache. Daher ist auch die Sport*therapie* in der Gruppe in der Kranken- oder Kuranstalt, bei der man Sportart (meist Nordic Walken), Tempo und Dauer von der meist pumperlgesunden, hochmotivierten und bestens gelaunten Trainerin vorgegeben bekommt, mit sehr viel Vorsicht zu genießen und häufig nicht wirklich ratsam. Dann wundert es die Verantwortlichen oft, warum die grundsätzlich so gesunde Bewegungsausübung von vielen Betroffenen nicht so angenommen wird bzw. nicht den gewünschten Erfolg bringt. Das liegt nicht am Sport an sich, der ist in jedem Fall angesagt, sondern an den Modalitäten. Was für die Gesunde (Trainerin) gut und richtig ist, muss es so nicht auch für die Kranke sein. Das Sporteln sollte man zwar jeder dringend ans Herz legen, aber lieber in Eigenregie organisieren lassen; jede merkt da selbst sehr rasch, was und wie viel ihr guttut.

Das *Kombinieren* mehrerer Sportarten macht das Ganze dann noch abwechslungsreicher und reizvoller. Ich selbst war, wie auch die meisten meiner Freundinnen und Freunde, schon als Kind immer gerne mit dem Rad unterwegs. Da ist man nach der Schule den ganzen Nachmittag herumgefahren, hat verschiedene Leute getroffen, immer wieder kürzere und längere Pausen eingelegt, um andere Dinge zu machen, wie Fußballspielen, Völkerball mit den Mädels, Schwimmen im Badesee oder in der noch sauberen Donau, auch wenn die gerade einmal 18 Grad hatte, oder Tischtennis im Jugendheim. Im Winter – damals war noch ein Winter mit Eis und Schnee, auch bei uns auf lediglich 250 Meter Seehöhe – war dann Schifahren (ohne Lift), Rodeln, Eislaufen und Eisstockschießen angesagt. Fernsehen war nur Mittwochnachmittag, da gab es das Kinder- und Jugendprogramm. Man hat Bewegung und Sport ausschließlich zum Spaß gemacht. Da hat keiner zu uns sagen brauchen „geht doch ein bisschen hinaus". Dann war man am Abend rechtschaffen müde, hat sich wohl gefühlt und hat auch gut geschlafen. Und Gewichtsprobleme kannte man nur vom Hörensagen. Dicke Kinder hat es so gut wie nicht gegeben. Und wir waren körperlich und psychisch sowas von gesund. Es gab keine Sorgen und

Ängste oder gar Depressionen, Unangenehmes und negative Erlebnisse hat man weggesteckt, wie wenn es nichts wäre, man war einfach nur glücklich und zufrieden, hat sein Leben in vollen Zügen genossen. Man war im Kinderparadies. Ein bisschen sich von dieser Zeit abschauen, würde uns allen sicher nicht schaden, ich mache es mit zunehmendem Alter immer mehr.

Fazit: Richtige Sportart(en), im richtigen Umfang, in richtiger Intensität, zur richtigen Tageszeit (jede hat da ihre Vorlieben), in der richtigen Umgebung (muss nicht Pushen mit dem Triathlon-Bike auf der Bundesstraße sein), in der richtigen Gesellschaft: Das ist absolut genial.

Wohin dagegen falsche Sportausübung im Extremfall führt, kann man insbesondere bei Leistungssportlerinnen sehen, bei denen dann zum intensiven Training noch andere Stressoren, wie Wettkämpfe oder Medienauftritte, kommen. Die leiden, wie heute auch zunehmend öffentlich bekannt wird, häufig unter Depressionen. Erst kürzlich haben sich Lindsey Vonn oder die Tennisspielerin Naomi Osaka diesbezüglich geoutet. Das Problem dürfte es aber immer schon gegeben haben, man hat nur nicht darüber geredet. Das Ganze betrifft auch viele Sportamateure, die ebenfalls ähnlich intensiv trainieren wie die Profis.

Bei der Ausdauerbewegung tritt gelegentlich ein ganz besonderes Phänomen auf, welches man auch beispielsweise vom Alkohol oder den Beruhigungsmitteln her kennt, die sog. „psychische Abhängigkeit". Es sind nicht so sehr die ausgeschütteten Glücksstoffe, also die Substanz, von der man abhängig wird und die einen nicht mehr mit dem Sporteln aufhören lässt, sondern es ist das rasch vergehende Wohlgefühl, welches die Bewegungssüchtige nach jeder Session empfindet und das von ihrem Gehirn immer wieder unbewusst erinnert wird und nach mehr verlangt. Psychische Abhängigkeit ist speziell dann äußerst unangenehm, wenn man sich gelegentlich bei der sportlichen Betätigung überlastet hat (passiert häufig, insbesondere der Ehrgeizigen) und dringend ein paar Tage Pause bräuchte, aber das Gehirn das einfach nicht zulassen will. In dieser Situation hilft, außer Hoffen auf entsprechend schlechtes Wetter, das die

Sportausübung vorübergehend verunmöglicht, nur konsequente Enthaltsamkeit von der abhängig machenden Aktivität sowie Ablenkung, anderenfalls sich u. U. eine äußerst unangenehme depressive Episode aufbauen kann.

Psychisch Kranke sind häufig mit mehr oder weniger starken Gewichtsproblemen konfrontiert und tendieren dazu, Kompromisse zwischen Sportausübung und psychischem Wohlergehen einzugehen, das heißt, immer wieder anstrengende Sportarten auszuüben, die hohe Stressbelastung bedeuten (vor allem Laufen), um in möglichst kurzer Zeit möglichst viele Kalorien zu verbrennen und damit das Erscheinungsbild besser an die eigenen Ansprüche anzupassen. Meiner Meinung nach sollte immer die psychische Gesundheit an erster Stelle stehen. Die Ringe um die Hüften sind zwar nicht angenehm und schön anzusehen, aber sie sind viel leichter und rascher wegzubringen, wenn man wieder psychisch gesund ist und beim Sport nicht mehr auf seine Verträglichkeit mit einer psychischen Beeinträchtigung achten muss. Außerdem werden etwaige überzogene Ansprüche an sein Äußeres und ein Streben nach dem perfekten Body, den man ohnehin nie erreicht, auch wenn man ein Supermodel ist, mit dem Ausheilen der Erkrankung wieder deutlich herabgesetzt. Man ist dann mit Mittelmaß wieder viel eher zufrieden.

Als Abschluss zu diesem Kapitel möchte ich alle psychisch Beeinträchtigten, die genug Energie aufbringen, um regelmäßig Sport zu machen, noch einmal eindringlich darauf hinweisen, wie unglaublich heilsam dieser für die Psyche ist. Man würde nicht glauben, was ein Jahr regelmäßige körperliche Ausdauerbewegung im Gehirn bewirkt. Um das nachvollziehen zu können, muss man die Erfahrung selbst gemacht haben.

Geistige Betätigung

Das dritte Zauberwort zur Ausheilung von Depressionserkrankungen oder Angststörungen heißt „regelmäßige geistige Betätigung". Das menschliche Gehirn ist so groß und leistungsfähig, dass man es auch laufend entsprechend nutzen muss, um es geistig und psychisch gesund zu erhalten bzw. nach einer Erkrankung wieder in einen einwandfreien Zustand überzuführen. Wenn sein Potential völlig brachliegt, verlangsamt sich auch der Genesungsverlauf entsprechend.

Die intensivste Form von Gehirntraining ist Lernen, speziell für die persönliche Aus- und Fortbildung, da man dazu auch meist die nötige Motivation hat, aber durchaus auch für die Allgemeinbildung. Jede hat ja so ihre Interessen, Dinge, die sie schon immer gerne wissen oder können wollte, ob es etwas aus dem Bereich Recht, Wirtschaft, Politik, EU, Geschichte, Literatur, Religion oder Naturwissenschaften ist, Buchhaltung und Steuern fürs eigene Geschäft oder auch etwas ganz anderes, wie das Lernen einer fremden Sprache oder das Verbessern der eigenen EDV-Anwenderkenntnisse. Auch das Nachholen eines Schulabschlusses oder gar der Matura, das Ablegen der Meisterinnenprüfung oder der Erwerb anderer beruflicher Zusatzausbildungen ist für viele reizvoll. Das öffnet einem dann oft manche Türen und schlägt sich meist auch positiv auf dem Lohnzettel nieder. Fast in jedem Job bieten sich hier schon entsprechende Möglichkeiten. Die eine oder andere wird auch ihre Befriedigung darin finden, beim Lernen mit den Kindern den eigenen Schulstoff wieder aufzufrischen.

Für fast alle Wissensgebiete gibt es neben den Grundlagenbüchern dann auch interessante Fachzeitschriften, die einen immer auf dem aktuellen Stand halten, auf deren Erscheinen man sich dann schon jedes Mal richtig freut. Da kommt dann das Spannende zum Nützlichen. Ich denke da gerne zurück an meinen Physikunterricht und die lebhaften Erzählungen meines Professors über die neuesten Erkenntnisse der Astrophysik.

Man soll sich zu jeder Lernsession dann durchaus auch ein bisschen überwinden müssen und im Anschluss ein entsprechendes Ruhebedürfnis haben. Das Gelernte soll regelmäßig noch einige Zeit nachwirken, dann macht man es richtig. Etwas wehtun muss das Ganze schon, das Gehirn soll doch intensiv arbeiten und belastet werden. Ideal ist da natürlich ein geistig entsprechend fordernder Beruf, wie der der Lehrerin, der Anwältin oder auch Wirtschaftstreuhänderin. Da nimmt das Lernen nie ein Ende.

Wenn man es mit dem Strebern aber so gar nicht hat, kann man auch anspruchsvolle und interessante Sachbücher lesen oder Rätsel lösen (es gibt dabei ja immer wieder richtige Kopfnüsse, bei denen man sich eine Stunde lang plagt). Auch das Erlernen und Ausüben herausfordernder Spiele, wie Schach, ist oft eine Option. Da gibt es auch entsprechende Vereine und Wettkämpfe. Manche schreibt sogar ihre Lebensgeschichte auf – da wird dann nicht selten ein ganzes Buch daraus (viele Menschen haben mehr zu erzählen, als sie zunächst glauben würden).

Jeden Tag Kopfarbeit ist ebenso wichtig wie der vielgepriesene Sport. Man möchte ja auch noch im Alter geistig fit und nicht dement und chronisch psychisch krank sein. Man sollte sich dafür immer ausreichend Zeit nehmen, genug Energie aufsparen und unbedingt auch entsprechend lange Erholungszeiten einplanen. Bei neun Stunden Tagesarbeitszeit wird sich das allerdings regelmäßig nicht ausgehen (Stichwörter „Arbeitszeitverkürzung" und „Teilzeitbeschäftigung"). Wenn man am Abend um sechs Uhr, noch dazu im Winter bei Dunkelheit, von einem anstrengenden Tag nach Hause kommt, wird man höchstens noch ein bisschen fernsehen, aber kein Lehrbuch mehr in die Hand nehmen – jedenfalls wird man das nicht sehr lange tun. Wenn man dagegen um zwei Uhr Nachmittag Feierabend macht, hat man noch genügend Zeit und Lust für das eine oder andere Kapitel im Fachbuch (neben gesundem Sport). Und auch das wichtige Relaxen und Energietanken für den kommenden Werktag kommt dabei nicht zu kurz. Und ein bisschen Fortgehen oder Fernsehen am Abend geht sich auch noch aus.

Lernen ist vor allem auch dann angesagt, wenn Arbeiten von der psychischen Belastbarkeit her noch nicht geht. Hier macht es auch am meisten Sinn, nämlich als Vorbereitung zum Berufs(wieder)einstieg. Wenn man dann entsprechend was kann, das eine oder andere Zeugnis oder gar Diplom vorzuweisen hat, hebt das gleich den Status, das Ego bekommt einen entsprechenden Schub und das Selbstbewusstsein im Job nimmt zu, wenn man sich seiner Vorgesetzten oder Arbeitskollegin nicht mehr unterlegen fühlt, sich vielleicht sogar etwas über sie stellt. Dann hat man gleich nicht mehr so viel Stress bei der Arbeit, wenn man ein bisschen „drüberstehen" kann, und geht jeden Tag viel leichter ins Büro oder ins Werk. Und auch der erfolgreiche Schwager mit dem großen Haus und dem Mercedes, Liebling der Schwiegermutter, oder der gutaussehende Promi im Fernsehen sind dann meist viel leichter zu nehmen, wenn man selbst auch etwas dagegenzusetzen hat.

Bildung ist wohl der größte Booster für das Selbstwertgefühl überhaupt und hat den höchsten Stellenwert in der Gesellschaft, viel mehr als Schönheit, Reichtum, Prominenz, Beliebtheit, Talent, Erfolg oder sportliche Leistungsfähigkeit. Man muss sich nur unsere Geschichtsschreibung anschauen; die kennt nicht viele Reiche und Schöne, die sind bald vergessen; Gescheite und Gebildete werden umso besser erinnert – sogar die Philosophen aus dem Altertum sind in der Schule noch oft Unterrichtsthema. Vor allem die psychisch nicht so Belastbare und mit anderen Vorzügen weniger Gesegnete hat in der Bildungsarbeit die beste Kompensationsmöglichkeit. Lernen kann jede.

Man kann die ersten drei Zauberworte auch durchaus gut miteinander kombinieren: Zunächst eine ordentliche Tour zu Fuß oder mit dem Rad, danach die dabei freigesetzten Glücksstoffe zum Lernen nutzen (das freut einen dann gleich viel mehr und man hat auch entsprechende Ausdauer dabei) und im Anschluss ausgiebig relaxen. Danach fühlt man sich regelmäßig wie neu geboren.

Arbeit

Das vierte Zauberwort zur Ausheilung von Depressionserkrankungen bzw. Angststörungen heißt „Arbeit". Je nach psychischer Stabilität auch und vor allem Teilzeit oder ggf. am zweiten Arbeitsmarkt.

Der Mensch hat ja ein angeborenes Aktivitätsbedürfnis. Ausschließlich nichts zu tun, ist völlig gegen seine Natur. Am Morgen aufzustehen und keine Aufgabe vor sich zu haben, ist im Urlaub ein paar Wochen lang sicher sehr angenehm, als Lebensinhalt aber völlig unbefriedigend. Ob Menschen, die durch Erbe oder Lotteriegewinn schon früh im Leben finanziell ausgesorgt haben und keine Motivation mehr haben, etwas zu lernen und arbeiten zu gehen, wirklich buchstäblich das „große Los" gezogen haben, möchte ich doch sehr bezweifeln. Man ist zwar die Existenzängste los, das weitere Leben ist aber doch eher Fadesse, schal und leer. Es fehlt einfach das Salz in der Suppe, der Kampf ums tägliche Brot, der dem Menschen wesensmäßig ist. Auch manche prominente Sportlerin, die bereits Mitte dreißig nach ihrer aktiven Karriere keinerlei Geldnöte mehr hat und in der Folge nur noch ein paar Jahre, solange ihre Popularität halt reicht, als Werbe-Testimonial durch die Medien geistert, da sie keinerlei Ausbildung für einen ordentlichen Job hat, muss man, denke ich, nicht wirklich beneiden, obwohl das durchaus nicht wenige Menschen tun. Und dass gerade viele (oftmals besonders sensible) Künstlerinnen, Schauspielerinnen, Entertainerinnen oder auch Mitglieder diverser Königshäuser, die nur unregelmäßig arbeiten, über psychische Probleme klagen, ihr Leben lang eine Psychotherapeutin frequentieren, alkohol-, drogen- und tablettenabhängig sind, keine ordentliche Partnerschaft hinbekommen oder gar komplett am Leben scheitern, ist aus dieser Sicht durchaus schlüssig. Man ist als einfache Arbeiterin mit seiner kleinen Existenz aus dieser Sicht viel besser dran, als viele gutverdienende und populäre Promis, die mit ihren Problemen ganze Illustrierte füllen, die man dann schmunzelnd und nicht ganz ohne Schadenfreude jeden Monat nachlesen kann. Und ob das vielzitierte „Aussteigen", welches für viele Stressgeplagte vermeintlich den absoluten Traum darstellt, sich in der Realität wirklich als so traumhaft erweist, sei dahingestellt.

Die einzelnen Vorteile einer Berufstätigkeit für die psychisch Beeinträchtigte sind weitreichend: Vor allem ist das Gehirn dabei ständig mehr oder weniger starken Belastungen ausgesetzt und es ist kontinuierlich darum bemüht, die kleinen oder größeren Schäden, die dabei unweigerlich laufend in seinem Botenstoffhaushalt angerichtet werden, möglichst rasch wieder zu kompensieren und auszugleichen, was nicht zuletzt auch auf die chronische Depression äußerst heilsame Wirkung hat.

Natürlich bekommt man durch die Arbeit auch Selbstbestätigung und das Selbstvertrauen nimmt wieder zu, wenn man sieht, dass man immer leistungsfähiger wird, mit den anderen wieder mithalten kann, sie vielleicht sogar übertrifft. Man traut sich dann oft auch wieder einen anspruchsvolleren Job zu und steigt in der Unternehmenshierarchie nach oben. Dazu wirkt die Tatsache, dass man sich wieder selbst versorgen kann und nicht mehr auf Sozialleistungen angewiesen ist, ebenfalls entsprechend auf das Selbstwertgefühl zurück.

Auch fühlt man sich einfach besser, wenn man ein entsprechend geregeltes Leben hat. Auch das ist für die Ausheilung einer Depression von nicht zu unterschätzender Bedeutung. Ein Mensch, der nicht regelmäßig arbeiten geht, hat keine Struktur in seinem Dasein, ein Tag, eine Woche, ein Jahr vergeht wie das andere, alles läuft gleich ab, monoton, ohne Höhepunkte und letztendlich auch entsprechend unbefriedigend. Es gibt keinen genussvoll verbrachten Feierabend, kein geruhsames Wochenende und keinen chilligen Urlaub. (Jede, die das Feeling am Freitag nach Dienstschluss mit Blick auf zwei freie Tage gewöhnt ist, möchte das nicht mehr missen.) Nichtstun macht nur dann Freude, wenn man vorher etwas geleistet hat. Und auch viele Pensionistinnen können das Arbeiten gehen nicht völlig lassen, speziell, wenn sie entsprechend qualifiziert sind, viel in ihre Ausbildung investiert haben und einen äußerst befriedigenden Job verrichten.

Sogar in der Psychiatrie schaut die Krankenhausorganisation stets darauf, dass den Patientinnen möglichst eine durchgeplante Tagesstruktur in Form eines entsprechenden Therapie- und Beschäftigungsprogramms geboten wird. Man hat am Abend auf der Krankenstation dann sogar ein ähnliches Gefühl wie im Feierabend nach der Arbeit. Und auch die Psychologin, die Sozialarbeiterin wird nicht müde, ihre Klientel darauf hinzuweisen, sich den Tag mit den verschiedensten Tätigkeiten und Aufgaben entsprechend zu organisieren, sofern noch keine geregelte Arbeit möglich ist.

Dass Regelmäßigkeit im Leben so förderlich für die Psyche ist, mag vor allem daran liegen, dass unser Gehirn nicht so gerne Überraschungen und Unerwartetes mag. Das ist nämlich meist mit *mehr* – und vor allem plötzlich auftretendem – Stress verbunden. Wenn alles großteils nach Plan abläuft, kann man sich mental rechtzeitig auf erwartete Belastungen einstellen, alle Eventualitäten schon vorher abchecken und so entsprechend besser damit umgehen. Wenn man z. B. ein unangenehmes Telefonat erwartet, tut man sich auch oft leichter, wenn man selbst die Initiative ergreift und anruft, als wenn man nicht weiß, zu welchem Zeitpunkt das Telefon klingeln wird. Dann sitzt man oft schon auf Nadeln.

Ganz wesentlich ist auch, dass man am *Morgen* sein Tagewerk beginnt und sich am Nachmittag oder Abend entsprechend Ruhe und Erholung gönnt und einen möglichst langen Feierabend ausgiebig genießt. Das ist für den Stressabbau und die psychische Regeneration und letztendlich auch für die Ausheilung der chronischen Erkrankung ganz entscheidend. Ein Arbeitsbeginn später am Tag oder gar in der Nacht ist dem Wohlbefinden eines Menschen dagegen wenig förderlich. Sich am Vormittag bzw. den Tag über auszuruhen oder Freizeitaktivitäten zu setzen und erst danach arbeiten zu gehen, die ganze Zeit über unterbewusst seinen Dienstantritt im Hinterkopf zu haben, ist einfach schlecht. Auch ist die Leistungsfähigkeit dann schon entsprechend eingeschränkt. Dazu fällt der wohltuende Feierabend aus, da man sich nach der Arbeit dann meist gleich niederlegt. Und dann schläft man auch noch miserabel. Speziell die regelmäßigen Nachtschichten im produzierenden Gewerbe sind völlig abzulehnen. Dass Firmen in ihrer Gier ihre Arbeitskräfte in Dreierschichten werken lassen, nur um die Maschinen bestmöglich auszulasten oder möglichst viele Aufträge abarbeiten zu können, ist wirklich unerträglich. Auch Moderatorinnen und Sendungsleiterinnen in Radio und Fernsehen, die ihren Job regelmäßig am (späten) Abend machen, tun das meist nur für eine gewisse Zeit. Und auch Musikerinnen, Schauspielerinnen, Kleinkünstlerinnen, Vortragende mit entsprechenden Arbeitszeiten auf ihren Tourneen sind letztlich froh, wenn der ganze Stress wieder vorbei ist, speziell wenn sie psychisch nicht die Stabilsten sind und ständig den anstrengenden Abendauftritt vor sich haben und das Lampenfieber schon entsprechend früh einsetzt. Da gönnt man sich dann oft auch schon einmal einige Jahre Pause, kuriert seinen Burnout aus, insbesondere wenn man kommerziell entsprechend erfolgreich ist und sich das leisten kann.

Ein weiterer Vorteil des Arbeitslebens ist, dass man dabei auch seinen Heilungsprozess sehr gut verfolgen kann. Man sieht seinen Genesungsfortschritt ja dann besonders gut, wenn man entsprechenden Beanspruchungen ausgesetzt ist. Auch der Kontakt mit anderen Menschen (gesunden oder auch psychisch angeschlagenen) kann für das Verständnis der eigenen Psyche sehr aufschlussreich sein. Man sieht, dass andere ähnliche Probleme haben, und kann sich so im Vergleich mit ihnen besser verstehen. Man kann seine Belastungsgrenzen ausloten, macht Grenzerfahrungen, die eine Gesunde vielleicht nie macht. Man kann nicht zuletzt auch die Wirkung seiner Medikamente besser abschätzen, sieht, wo noch etwas fehlt, wo man vielleicht eine höhere Dosis braucht bzw. natürlich auch, wenn immer weniger Medikamentenunterstützung notwendig ist.

Arbeit ist so gesund für die Psyche, dass man auch nach längerer Krankheitsdauer und beruflicher Abstinenz durchaus einmal wieder – bzw. überhaupt zum ersten Mal – den „Sprung ins kalte Wasser" wagen und einen Job annehmen sollte, sogar wenn man noch erkennbare Krankheitssymptome hat. Es funktioniert oft, obwohl man es selbst noch nicht für möglich hält. Und die nötige Belastbarkeit kommt auch häufig erst mit entsprechender Belastung. Sollte man nicht gleich den richtigen Job gewählt haben, nicht sofort wieder aufgeben, sondern einfach etwas anderes ausprobieren. Nicht jeder Arbeitsplatz ist gleich stressig. Menschen reagieren da sehr unterschiedlich. Der eine mag Leute um sich und arbeitet lieber manuell, der andere ist gern selbstständig und auf sich allein gestellt und ein richtiger Büromensch. Das ist oft viel Trial-and-Error, bis man sich selbst entsprechend gut einschätzen kann und weiß, was für einen gut ist und was weniger, insbesondere dann, wenn man zum ersten Mal arbeiten geht. Man braucht da oft mehrere Anläufe, bis man etwas Passendes gefunden hat.

Und auch das Sozial- bzw. Arbeitsamt ist hocherfreut, wenn man sich einen Teil seines Lebensunterhalts wieder selbst verdient oder überhaupt ganz aus der Betreuung ausscheidet (das ist gut für ihre Statistik und letztendlich eine Bestätigung ihrer Arbeit). Dann sind auch die leidigen Existenzängste ein für alle Mal Geschichte, da man nicht mehr vom Wohlwollen der zuständigen Beamtinnen abhängig ist, welche oft nicht das allergrößte Verständnis für eine psychisch Beeinträchtigte haben, speziell dafür, dass die sich – ohne eine für Außenstehende erkennbare und nachvollziehbare Ursache – sowohl bei der Jobsuche als auch beim Arbeiten selbst entsprechend schwertut. Das betrifft vor allem auch Langzeitarbeitslose, die oft gar nicht merken, dass sie psychisch nicht fit sind. Jemand, der schon ein Jahr oder länger arbeitslos ist, gehört nicht aufs Arbeitsamt, sondern zur Psychotherapie.

Medikamente und Psychotherapie

Verschiedentlich hört man von fachlicher Seite, dass eine Depression durch Medikamente in Kombination mit einer Psychotherapie behandelt und geheilt werden soll und kann. Darauf möchte ich im Folgenden näher eingehen. Unter „Behandlung" verstehe ich in diesem Zusammenhang Interventionen, die *unmittelbar* zu einer Verbesserung und letztendlich Ausheilung einer Erkrankung führen, wie eine Chemotherapie bei Krebs oder ein Antibiotikum bei Entzündungen. Bei einer Depression wäre das dann der Fall, wenn nach Einnahme von Antidepressiva oder im Anschluss an eine Therapiesitzung die Gehirnzellen wieder *dauerhaft* in der Lage wären, von sich aus messbar mehr Serotonin und Noradrenalin auszuschütten. Das ist mit den aktuellen medikamentösen und therapeutischen Möglichkeiten nicht zu leisten. Fakt ist aber, dass das Antidepressivum neben einer Beschwerdelinderung und der Verbesserung zahlreicher Depressionssymptome nicht zuletzt das Denken wieder in den Normalbereich bringt, die Psychotherapie auf der anderen Seite die Kranke bestmöglich auf ihrem Weg heraus aus dem psychischen Tief unterstützt. Das ist es, was Medizin und Psychotherapie können, und das ist schon sehr viel. Drei Beispiele dazu:

Eine Arbeiterin wird in ihrer Firma gemobbt. Sie wird dadurch psychisch krank und depressiv. In ihrer leidensbedingt eingeengten Sicht der Dinge ist sie der Meinung, keine andere Stelle zu bekommen. Sie bleibt an ihrem ungeliebten Arbeitsplatz, die Beschwerden werden immer schlimmer und schließlich geht sie zu ihrer Hausärztin. Die überweist sie zu einer Psychiaterin und zur Psychotherapie. Erstere verordnet ihr ein Antidepressivum, das sie psychisch wieder stabilisiert. Die Kranke kann durch das Medikament wieder wie eine Gesunde denken, wird immer optimistischer und ist schließlich davon überzeugt, auch eine andere Stelle zu bekommen. Sie kündigt ihren Arbeitsplatz und findet tatsächlich wieder einen Job, mit dem sie sehr zufrieden und glücklich ist. Die ganze Zeit über wird sie von der

Psychotherapeutin unterstützt und beraten. Die Arbeiterin, die sich nun wieder wohl fühlt, wird in absehbarer Zeit wieder vollkommen psychisch gesund.

Eine junge Frau, verheiratet mit Kindern, lebt in einer ausgesprochen unbefriedigenden Partnerschaft, wird dadurch psychisch krank, bekommt eine Depression. Sie sieht in der Folge keinen Ausweg, eine Scheidung kommt für sie nicht in Frage (was werden die Freunde und Verwandten, die Nachbarn und Bekannten denken). Auch glaubt sie, keinen eigenen Job zu bekommen, um ihre Kinder zu versorgen. Irgendwann werden ihre psychischen Beschwerden so schlimm, dass sie zur Hausärztin geht. Auch sie wird an die Psychiaterin und zur Psychotherapie weiterverwiesen. Die Fachärztin verordnet auch hier ein Antidepressivum, welches der jungen Frau eine ganz andere Sicht ihrer Situation ermöglicht. Sie sieht sich jetzt als die wichtigste Person in ihrem Leben, die ein Recht auf Glück und eine erfüllte Partnerschaft hat (was andere denken, ist nicht mehr wichtig). Der Prozess ihrer Selbstfindung wird von der Psychotherapeutin tatkräftig unterstützt. Die junge Frau trennt sich von ihrem Mann, findet auch einen Job, der ihr ein finanziell unabhängiges Leben ermöglicht, auch eine neue Partnerschaft gibt wieder zusätzliche Lebensqualität. Sie wird wieder gesund und genießt ihr Leben.

Die Tochter einer Steuerberaterin studiert Treuhandwesen und tritt nach dem Studienabschluss in die Kanzlei ihrer Mutter ein, soll zu ihrer Nachfolgerin aufgebaut werden. Nach relativ kurzer Zeit wird ihr klar, dass sie dieser Job nervlich einfach überfordert. Sie quält sich weiter, will fünf Jahre Studium nicht wegwerfen und ihre Mutter enttäuschen. Ihre psychischen Beschwerden werden immer schlimmer und auch sie kommt über die Hausärztin zu einer Psychiaterin und zur Psychotherapie. Auch sie findet durch das Antidepressivum wieder zu einer neuen Sicht der Dinge, gibt ihren Job auf (was nützen fünf Jahre Studium, wenn man in seinem Leben nicht glücklich wird) und wird schließlich Sozialarbeiterin, ihre zweite berufliche Leidenschaft. Die Mutter trägt es mit Fassung, sie hat ohnehin schon gemerkt, dass es ihrer Tochter nicht gut geht. Die ganze Zeit über wird auch die junge Frau von der Therapeutin begleitet und beraten. Sie wird in der Folge wieder gesund und lebensbejahend.

In allen diesen Fällen haben die Psychopharmaka nicht direkt und unmittelbar zur Heilung der Depression geführt, aber, in Kombination mit einer Psychotherapie, indirekt und mittelbar den Betroffenen wieder zu einem gesunden und erfüllten Leben verholfen.

Mentaltechniken

Mentaltechniken sind psychisch wirksame Übungen, mit denen kurzfristig die Stimmung gehoben oder Entspannung herbeigeführt werden soll und langfristig, bei regelmäßiger Anwendung, positive Effekte auf die psychische Gesundheit erzielt werden sollen. Die bekanntesten Mentaltechniken sind das positive Denken, das autogene Training und die Muskelentspannung.

Beim positiven Denken werden Bilder und Erlebnisse ins Bewusstsein gerufen, mit denen man angenehme Empfindungen verbindet. Entscheidend dabei ist, dass sie möglichst aktuell sind. Die Erinnerung verblasst mit der Zeit doch deutlich. So werden auch persönliche „Großereignisse", wie die eigene Hochzeit, die bestandene Matura, die Sponsion oder Promotion, ein besonderer sportlicher oder beruflicher Erfolg, leider nicht endlos für das positive Denken zur Verfügung stehen. Man ist so ständig gefordert, immer wieder für entsprechenden „Nachschub" zu sorgen.

Man muss dazu aber ganz klar sagen, dass positives Denken den leichten depressiven Verstimmungen vorbehalten bleibt. Bei schwereren Erkrankungen wird man damit keinen Erfolg haben. Besonders starke Wirkung entfaltet es beim sensiblen und empathischen Menschen. Der ist hier wieder eindeutig bevorzugt.

Immer dann, wenn man merkt, dass das Gehirn beginnt, Gedanken zu produzieren, die man nicht mag, wird man versuchen, den Schalter möglichst rasch wieder umzulegen, sich entsprechend Angenehmes ins Bewusstsein zu rufen. Je psychisch gesünder man wird, desto leichter geht einem das auch von der Hand, da man dann immer mehr Positives erlebt, das man kurzfristig bei Bedarf abrufen kann.

Insbesondere das Denken an einen lieben Menschen, das Erinnern einer angenehmen Kommunikation ist für viele von uns extrem erbaulich. Das braucht dann meist gar kein endloses Gespräch gewesen sein, schon ein kurzes „Hallo", „wie gehts" und „alles Gute" beim Treffen im Geschäft, ein entsprechendes Telefongespräch, sogar ein Mail-Kontakt, bei dem man intensiv spürt, dass die andere einen mag, erfüllen ihren Zweck. Das Ganze ist dann auch noch entsprechend einfach zu haben, wenn die eigene vormals depressive Ausstrahlung mehr und mehr einem entsprechend positiven Auftreten weicht.

Wenn einem freundlicher Smalltalk nicht so liegt, sind auch kleinere oder größere Aufmerksamkeiten oder „Belohnungen", die man sich selbst zukommen lässt, sehr nützlich. Ein neues Kleidungsstück für die Arbeit, ein Schmuckstück, ein neues Teil fürs Sporteln, ein schönes Möbel für die Wohnung, was einen halt sonst noch so freut. Am intensivsten wirken allerdings ganz persönliche Erfahrungen wie eine neue Liebe oder eigener Nachwuchs; da ist für Depressionen regelmäßig kein Platz mehr.

Wenn man sich positive Erlebnisse dann auch noch aufschreibt, etwa im Rahmen einer Tagebuchführung, wird man merken, dass das Schreiben und Nach*lesen* noch besser wirken als das bloße Nach*denken*.

Zum Thema positives Denken gibt es auch eine schöne Geschichte, die ich einmal von einer Pfarrerin gehört habe, über eine Frau, die in ärmlichen Verhältnissen gelebt hat, aber immer ausgesprochen fröhlich war. Man hat sie dann einmal gefragt, woher ihre ständige gute Laune kommt. Sie hat darauf geantwortet, dass sie jeden Morgen eine bestimmte Menge an Bohnen in ihre Tasche steckt und bei jedem positiven Erlebnis eine davon in die andere Tasche gibt. Am Abend holt sie diese Bohnen dann heraus und erinnert sich noch einmal an all das Erfreuliche, das sie tagsüber erlebt hat. (Und der vormals psychisch kranke und nun langsam gesundende Mensch wird dann immer mehr von diesen Bohnen benötigen.) Auch eine gute Methode zur Stimmungsaufhellung.

Die Wirksamkeit positiven Denkens bei leichteren psychischen Beschwerden hat leider viel zu der irrigen Meinung beigetragen, eine Depression wäre lediglich eine Form „falschen Denkens". Speziell von der Psychotherapie wird diese Ansicht oft vertreten und der Behandlung Depressionskranker zugrunde gelegt. Dann werden die *Gedanken* der Patientin intensiv bearbeitet, die körperliche Komponente der Depression wird jedoch völlig außer Acht gelassen. In der Folge geht die Betreffende oft jahrelang mit marginalem Erfolg zur Therapie, gibt irgendwann mangels substanziellen Fortschritts frustriert auf und hält ihre „falschen" Gedanken, völlig zu Unrecht, für nicht behebbar.

Beim autogenen Training dagegen werden alle Körperpartien nacheinander durch Formeln wie „ich bin ganz ruhig", „meine Arme werden schwer", „meine Beine werden schwer" usw. entspannt, was auch positive Auswirkungen auf die Psyche hat. Ähnlich die Muskelentspannung mit bewusster Be- und Entlastung aller Körperpartien nacheinander von der Stirn bis zu den Zehen. Bei diesen beiden Techniken stellt sich im Falle entsprechender Routine durch oftmalige Anwendung der gewünschte Effekt dann zu Beginn der Übungen fast schon von allein ein.

Erste Ansprechstelle zum Thema „Mentaltechniken" ist die Psychotherapeutin. Bei ihr in der Gesprächstherapie oder auch in einem Seminar kann man das Ganze bis zur Perfektion erlernen. Oft werden sogar Tonträger mit den Entspannungsformeln angeboten, was wirklich ausgesprochen nützlich ist.

Bezüglich der Wirksamkeit von Mentaltechniken gibt es so viele Menschen, die darauf schwören, bei denen das autogene Training schon fest zum Tagesablauf gehört wie das Zähneputzen, und die sich ein Leben ohne gar nicht mehr vorstellen können, sodass es schade wäre, wenn sie zu diesen Personen gehört und das Ganze aus Skepsis nie probiert hätten.

Reden und Schreiben

Dass Reden mit einem Menschen, mit dem man sich gut versteht, der kranken – und natürlich auch der gesunden – Psyche unheimlich wohltut, ist kein großes Geheimnis. Das geht oft so weit, dass man sich noch Stunden oder sogar Tage nach einem guten Gespräch entsprechend besser fühlt. Besonders die Kommunikation mit Menschen, die man sehr mag oder schätzt oder die man einfach schon lange nicht mehr gesehen hat, baut besonders auf.

Es ist dabei auch gar nicht notwendig, ständig über „wichtige" Themen, seine Probleme oder Leiden zu sprechen, sich also „auszusprechen", im Gegenteil, der Austausch von Belanglosigkeiten tut genauso seine Wirkung, meist sogar besser, da auch der andere mehr davon hat.

Man muss auch durchaus nicht immer selbst Gesprächsthemen in den Talk einbringen, interessiertes Zuhören kann genauso befriedigend sein. Menschen, die gut zuhören können, sind oft sogar die beliebtesten Gesprächspartnerinnen. Die genießen dann eben die Tatsache, dass sie für das Gegenüber eine entsprechend gefragte Ansprechperson sind. Außerdem erfährt man ja beim Zuhören auch mehr.

Auch Reden führt zur Ausschüttung von Glücksstoffen im Gehirn. Der Mensch ist so konstruiert, dass er sich beim regelmäßigen Austausch mit anderen einfach besser fühlt und darum Kommunikation meist auch beharrlich sucht. Je mehr man von anderen erfährt, desto besser kommt man ja in seinem eigenen Leben zurecht. Auch macht Reden mit anderen Menschen diese viel vertrauter, baut Sympathie und Zuneigung auf und Aggressionen ab. Reden kann so im äußersten Fall sogar zu einer Sucht werden. Ich habe da, vor allem im Krankenhaus, schon Extremes erlebt.

In Gesellschaft oder beim Partymachen werden sogar Kaffee, Alkohol und gelegentlich Drogen als Aufputschmittel eingesetzt, um die positive Wirkung des zwanglos miteinander Plauderns länger auskosten zu können. Auch während der Arbeit lockern regelmäßige Pausen und ein kurzes Zusammensetzen oder einfach das eine oder andere Gespräch zwischendurch den oft eintönigen Berufsalltag ein bisschen auf.

Die psychisch Beeinträchtigte, die privat oft niemanden mehr zum Reden hat, da sie sich schon jahrelang in ihr Schneckenhaus zurückgezogen und ihre sozialen Kontakte minimiert hat, wird bei Bedarf bei Psychotherapeutinnen, Lebensberaterinnen oder Sozialarbeiterinnen sicher empathische und vor allem auch kundige Gesprächspartnerinnen finden. Auch in vielen Einrichtungen von Pro Mente, in anderen Vereinen oder im Rahmen von ehrenamtlichen Tätigkeiten wird man auf viele sympathische Leute treffen, bei denen man seinem Mitteilungsbedürfnis mehr oder weniger freien Lauf lassen kann.

Dass regelmäßiges Kommunizieren positive Wirkung auf die Stimmung und letztlich auch auf eine Depressionserkrankung hat, weiß auch das Pflegepersonal in der Psychiatrie, welches die Patientinnen immer wieder zu geselligen Zusammenkünften auf der Station ermuntert bzw. regelmäßig selbst Gespräche mit einzelnen Kranken initiiert, vor allem mit denen, die sich mehr zurückziehen und die nahe Gegenwart anderer eher scheuen.

Wenn man es mit dem Reden nicht so hat oder entsprechend schüchtern und gehemmt ist, wie das bei der psychisch Beeinträchtigten oftmals der Fall ist, empfiehlt sich als Alternative manchmal auch das Führen eines Tagebuches, dem man seine Sorgen und persönlichsten Probleme und Gedanken anvertrauen und sich die „Last von der Seele" schreiben kann. Etwas zu Papier bringen kann ebenfalls äußerst befreiend sein, fast so wie Reden. Auch hier kommt es zu einer entsprechenden Ausschüttung von Glückssubstanzen. Das ersetzt oft sogar die beste

Therapie. Auch wird man bald merken, dass man manches seiner Probleme oft besser lösen kann, wenn man darüberschreibt, als wenn man nur darüber nachdenkt. Man entwickelt in der Folge dann gelegentlich eine richtiggehende Verbundenheit mit seinem Diary. Auch kann die psychisch Kranke die Entwicklung ihres Genesungsprozesses viel besser verfolgen, wenn sie – oft über Jahre – Tagebuch führt.

Rückzugsmöglichkeit

Menschen brauchen ihre Rückzugsmöglichkeiten. Das gilt speziell für psychisch Kranke. Im besten Fall eine eigene kleine Wohnung, jedenfalls aber ein eigenes Zimmer, das nur einem selbst gehört, wo man sich absolut wohlfühlt, von allen unerwünschten Einflüssen abgeschottet ist und sich optimal entspannen und regenerieren kann. Rückzugsmöglichkeit ist eine unabdingbare Voraussetzung, um wieder psychisch gesund zu werden.

In einem bestimmten Krankheitsstadium erträgt man die physische Nähe anderer Menschen auch einfach nicht mehr, macht diese einem massiven Stress (dasselbe berichten im Übrigen auch extrem erschöpfte Menschen mit anderen Krankheitsbildern wie vor allem dem Chronischen Fatigue Syndrom). Das ist auch ein Hauptgrund dafür, warum psychisch Beeinträchtigte oft nicht mehr arbeiten gehen können. Andere Menschen im Bus, im Büro, an der Arbeitsstelle sind dann eine zu starke Belastung, insbesondere wenn es sehr viele sind. Aber auch vermeintlich noch Gesunde fahren regelmäßig lieber alleine im Auto zur Arbeit, Stau hin oder her, oder legen im Job Wert auf ein eigenes Büro. Und auch in psychiatrischen Kliniken geht man mehr und mehr dazu über, die Bettenanzahl je Krankenzimmer entsprechend zu reduzieren.

Wie sehr Privatsphäre allgemein geschätzt wird, zeigt auch die Tatsache, dass heute bereits 40 % der Österreicherinnen und

Österreicher allein in eigenen Haushalten leben, Tendenz steigend. Das liegt sicher auch daran, dass viele Frauen, die früher finanziell ganz von ihren Männern abhängig waren, heute ihr eigenes Geld verdienen und sich selbst eine Wohnung leisten können, und man so häufig nur mehr bei Kinderwunsch und Familiengründung zusammenzieht, oder nicht einmal dann.

Auch und vor allem in Flüchtlingslagern ist diese Rückzugsmöglichkeit nicht gegeben, wenn man mit ein paar Dutzend fremder Menschen in einem Zelt und ein paar Tausend im selben Lager auf engstem Raum zusammenlebt. Insbesondere unbegleitete Kinder ohne den Schutz ihrer Familien leiden massiv darunter, entwickeln oft starke, mit der Zeit chronisch werdende Angstzustände unter lauter regelmäßig nicht gerade vertrauenserweckenden und mehr oder weniger aggressiven – weil oft auch psychisch kranken – männlichen Erwachsenen. Eine Ärztin im Lager auf Lesbos im Jahr 2021 schätzt, dass 39 % der Flüchtlinge, vor allem Kinder und Jugendliche, dort akut suizidgefährdet sind bzw. sogar schon Suizidhandlungen setzen, insbesondere solche Menschen, die durch ihre Vorgeschichte bereits entsprechend belastet sind. In anderen Lagern wird die Situation ähnlich, wenn nicht sogar schlimmer sein. Es fehlen dann auch die medikamentöse Versorgung und psychologische Betreuung dieser Menschen.

Das Traurige daran ist, dass es für das ganze Problem nicht wirklich eine Lösung gibt. Hundert Millionen Menschen sind im Jahr 2023 auf der Flucht bzw. fluchtbereit und westliche Länder sind nicht willens, eine solche Menge aufzunehmen. Noch dazu, wo anerkannte Flüchtlinge und Asylwerber sich in ihren Gastländern oft nicht gerade vorbildlich verhalten und so die dortige Bevölkerung gegen jede Form von weiterer Zuwanderung aufbringen. Da hilft dann nicht einmal das von den NGOs regelmäßig beschworene Mitleid für geschundene Kinderseelen in den Elendslagern.

Ursachenvergegenwärtigung

Es ist ganz besonders drückend, psychische Beschwerden, wie vor allem starke Depressionen, Ängste oder auch psychosomatische Schmerzzustände, zu haben, deren Ursachen man nicht kennt, von denen man weder weiß, woher sie kommen, noch ob und wann sie wieder weggehen.

Das „Gute" an einer Depressions- oder Angsterkrankung ist, dass jede Befindlichkeitsverschlechterung ihren Grund hat, nämlich eine entsprechende psychische Überbeanspruchung. Ursachenforschung und damit das Herausfinden, warum es einem aktuell psychisch schlechter geht als gestern, als letzte Woche, letzten Monat oder letztes Jahr, hat daher oberste Priorität. Einerseits, um die Ursachen dafür ausschalten zu können und dadurch die Heilung der Erkrankung zu fördern, andererseits, um mit ihr besser umgehen zu können.

Man lernt mit zunehmender Dauer der Erkrankung auch sehr rasch, jede Befindlichkeitsverschlechterung einer entsprechenden Stressbelastung zuzuordnen und auch in etwa abzuschätzen, wie lange die verstärkten Beschwerden noch andauern werden. Man wird sich zu Beginn zwar gelegentlich täuschen, wichtig ist aber, dass man sich überhaupt Gedanken darüber macht und die Erkrankung mit ihren Befindlichkeitswechseln nicht einfach als gegeben hinnimmt.

Ich denke, dass sich viel Verzweiflung und in letzter Konsequenz auch Suizide vermeiden ließen, wenn sich die Betreffenden eine Verschlechterung ihrer psychischen Situation erklären und die Verbesserung der Lage erwarten könnten. Wenn man eine Aussicht auf Besserung hat, ist das Ganze bei Weitem nicht mehr so schlimm.

Lebensumstellung

Man kann davon ausgehen, dass der Mensch sich grundsätzlich so verhält, dass er Psyche und Physis in einem möglichst gesunden Zustand erhält bzw. dass er im Fall einer Erkrankung wieder zur frühestmöglichen Genesung tendiert. Das gilt nicht zuletzt auch für die psychisch Kranke. Man sollte daher nicht jede ihrer Verhaltensweisen hinterfragen und zu ändern versuchen bzw. sich ständig an der Lebensführung einer durchschnittlichen Gesunden orientieren.

Man macht natürlich oft die Erfahrung, dass die (chronisch) Kranke schon jahrelang nicht gesünder geworden ist, und glaubt nachvollziehbar, dass dies an ihrer falschen Lebensführung liegt und versucht, diese mehr oder weniger radikal zu ändern, was nicht selten in einem Desaster endet, die Kranke in der Folge noch kränker wird bzw. sie die ärztliche Behandlung und Therapie abbricht.

Das Erholungsumfeld

Das Lebensumfeld der psychisch Kranken, ihre Wohnungssituation und die Menschen in ihrer unmittelbaren Umgebung haben regelmäßig einen entscheidenden Einfluss auf die Ausheilung ihrer Erkrankung. Wenn das Umfeld nicht passt, ist oft die notwendige psychische Regeneration nicht möglich. Je höher die Erholungsqualität, je entspannter, sorgenärmer und unbelasteter man ist, desto rascher wird man wieder gesund. Es ist ja nicht die Stressvermeidung, sondern die Ruhe zum Ausheilen der jeweiligen Belastungen das Entscheidende.

Manchmal muss man aus seiner gewohnten Umgebung einfach weg, weil die so belastend geworden ist, dass eine Genesung nicht mehr möglich ist. Es kann die Wohnungssituation unerträglich sein, der Partner, mit dem man zusammenlebt, die familiäre Situation, sehr oft eine Nachbarin, mit der man im Streit ist und die einem das Leben vergällt.

Gelegentlich ist ein kompletter Neuanfang der letzte Ausweg und man kann nur jeder die Kraft wünschen, die man braucht, um diesen zu schaffen. Eine gute Psychotherapeutin und Einrichtungen, wie Pro Mente, können dabei entsprechend unterstützend fungieren.

Körperliche Symptome als Indikator

Man möchte als psychisch Kranke natürlich immer gerne wissen, wo im Genesungsprozess man steht, wie viel des Weges man schon gegangen ist und vor allem, wie viel noch vor einem liegt. Man schätzt dabei seine gesundheitliche Situation sowie die noch ausstehende Genesungsdauer oft in Abhängigkeit von der jeweiligen tagesaktuellen psychischen Befindlichkeit unterschiedlich positiv bzw. negativ ein. Wenn man einen guten Tag hat und sich wohlfühlt, rechnet man oft nur noch mit ein paar Monaten bis zur völligen Gesundung. Wenn man nicht so gut drauf und depressiv ist, unter Umständen sogar noch mit ein paar Jahren. Das schwankt oft extrem. Man wird da sich selbst gegenüber mit der Zeit schon etwas vorsichtig.

In dieser Situation geben speziell die mit der Krankheit verbundenen physischen Krankheitssymptome bzw. deren Zurückgehen oft eine eindeutige Antwort; sie sind quasi unbestechlich. Wenn die stressbedingten Schweißringe unter den Achseln immer kleiner werden und irgendwann ganz verschwinden, das Zittern bei Belastungen sich immer mehr abschwächt und man auf dem Amt wieder eine saubere Unterschrift hinbekommt, das Schwitzen und Kaltwerden der Hände, vormals beim geringsten

Stress, langsam zurückgeht, sich die lästige Mundtrockenheit bei Unterhaltungen mit anderen Menschen nicht mehr einstellt, die physische Ausdauer immer mehr zunimmt, man wieder Berge hochkommt, die man früher gar nicht versucht hat, die Ärztin bei Untersuchungen wieder einen normalen Puls und Blutdruck misst, man langsam wieder zu einer regelmäßigen Verdauung findet, sich „Tic"-Störungen und „Ohrwürmer" zusehends abmildern, psychosomatische Schmerzen kaum mehr wahrgenommen werden, man am Morgen nach dem Aufstehen nicht mehr ruhelos in der Wohnung auf und ab läuft, ist das ein unheimlich schönes Gefühl. Man weiß dann, dass man auf dem richtigen Weg ist und ein Ende der Krankheit abzusehen ist.

ABSCHNITT 6: **VORBEUGUNG**

Von der Kindheit bis ins Arbeitsleben

Die wohl beste Prophylaxe für psychische Erkrankungen beginnt schon in den Kinderjahren und liegt darin, das Kind möglichst frühzeitig zu einem eigenen Willen und entsprechendem Selbstbewusstsein zu ermutigen bzw. beides möglichst zu fördern. Ein Mensch, der zu sich selbst stehen kann, zu seinen Bedürfnissen, der sich selbst gut findet und nicht die anderen, sich nicht an dem, was er für „normal" hält, orientiert und was er ja in so vielen Bereichen nicht ist und nie sein wird, der *sein* Leben lebt und nicht versucht, andere zu imitieren oder ihnen nachzueifern, der den Mut hat, anders zu sein, und das sogar gut findet, hat viel weniger Stress im Leben und die besten Voraussetzungen für psychische Gesundheit. Ganz wichtig ist auch eine gute Portion Egoismus, dass man einfach zuerst an *sich* denkt, an das, was für einen selbst gut ist, einfach „nein" sagt, wenn man etwas nicht möchte und erst dann, wenn man noch psychische Kapazitäten frei hat, für andere da ist. Man kann dem Kind keine Schönheit, keine Intelligenz oder irgendwelche außergewöhnlichen Talente geben, wenn es diese nicht von Natur aus hat, aber man kann früh schon entsprechend gute Voraussetzungen für psychische Gesundheit schaffen.

Zur Vorbeugung gehört auch entsprechende Aufklärung über psychische Erkrankungen schon in der Schule. Dass man so Entscheidendes wie die psychische Gesundheit im Unterricht nicht einmal anspricht, ist kaum zu verstehen (würde auch nicht so viel Unterrichtszeit kosten). Geredet wird ja schon lange darüber. Man muss vor allem die Kinder schon möglichst frühzeitig darauf aufmerksam machen, dass man mit einem umfassend gesundheitsfördernden Lebensstil langfristig entscheidend besser fährt. Der ist quasi eine Investition in die Zukunft, ähnlich wie eine gute Ausbildung, und die stellt ja auch niemand in Frage.

Auch eine Erweiterung der Gesundenuntersuchung um die psychische Verfasstheit wäre dringend notwendig. Es ist mit den heutigen, leider noch ausgesprochen bescheidenen medizinischen Möglichkeiten auf diesem Gebiet natürlich sehr schwer, den aktuellen psychischen Gesundheitsstatus zweifelsfrei festzustellen. Es gibt aber schon ziemlich deutliche Anzeichen für den Beginn einer Depression oder Angststörung, die eine erfahrene Ärztin oder eine Psychologin doch sehr gut erkennen kann. Wenn ein Mensch einmal mit Suizidgedanken kämpft und es ohne Medikamente fast nicht mehr aushält, ist es meist schon viel zu spät.

Auch die medizinische Betreuung der Arbeitnehmerinnen in den Betrieben sollte unbedingt auch die psychische Gesundheit umfassen (es wird uns da über kurz oder lang auch nichts anderes übrigbleiben). Die Zahl der Krankentage auf Grund psychischer Erkrankungen hat sich in den letzten zwanzig Jahren mehr als verdoppelt. Vor allem bei Männern ging sie unverhältnismäßig stark in die Höhe. (Besonders betroffen sind dabei der Gesundheitssektor, die öffentliche Verwaltung sowie die Schulen und Kindertageseinrichtungen.) Das ist nicht zuletzt auf eine immer größer werdende Offenheit im Umgang mit psychischen Beeinträchtigungen zurückzuführen. Insbesondere die Männer haben nicht mehr so viel Scheu, sich eine solche einzugestehen – das sei auch gut so. Die volkswirtschaftlichen Schäden sind enorm: Die Produktionsausfallkosten betrugen in Deutschland im Jahr 2022 17,2 Milliarden Euro. Die durchschnittliche Ausfallzeit lag bei 32 Tagen. (Vom viel wichtigeren menschlichen Leid ganz abgesehen.) Mit 42 % ist zudem ein Großteil der vorzeitigen Renteneintritte auf Grund verminderter Erwerbsfähigkeit auf psychische Belastungen zurückzuführen.

Es ist natürlich problematisch, in einer Leistungsgesellschaft, in der sich manche Menschen brüsten, sechzehn Stunden am Tag zu arbeiten, einer Beschäftigten zu sagen, dass sie weniger Zeit in der Firma verbringen und sich mehr Freizeit gönnen sollte, oder einem Kind, dass es weniger lernen und mehr seine Kindheit genießen soll, aber das wäre der richtige Ansatz. Wenn ich an meine eigene Schulzeit im Gymnasium zurückdenke, in der wir täglich sechs Stunden im Unterricht gesessen sind, auch samstags war Schule, und die Schüler im Internat noch täglich drei Stunden „Studium" für ihre Hausarbeiten und das Lernen für Prüfungen hatten, das kann nicht gutgehen. Wir waren mehr als vierzig Schüler in der ersten Klasse, zur Matura keine zwanzig mehr, und ob die alle psychisch gesund die Schule verlassen haben, ist sehr zu bezweifeln.

Wir in der westlichen Welt sind mittlerweile schon derart produktiv, dass Lebensmittel in großem Stil weggeworfen werden oder Amazon Rücksendungen mit geringem Wert einfach entsorgt bzw. wir selbst z. B. Elektrogeräte bei einem kleinen Defekt schon ins Altstoffsammelzentrum bringen und uns einfach etwas Neues kaufen, weil das schlichtweg günstiger kommt. Man sollte gesamtwirtschaftliche Produktivitätssteigerungen heutzutage lieber für eine Senkung der Arbeitszeit und damit eine Steigerung der Lebensqualität der Beschäftigten nutzen und nicht zu Dividendensteigerungen für die Aktionäre oder Lohn- und Gehaltserhöhungen (die sind den Leuten heute gar nicht mehr so wichtig, besonders den älteren). Dann könnte man sogar eine Erhöhung des derzeit geltenden Pensionsantrittsalters andenken, wenn die Menschen mehr Freude an der Arbeit hätten. Es gibt durchaus nicht wenige Pensionistinnen, die gerne neben ihrem Ruhestand noch einen kleinen Job machen oder überhaupt Teilzeit in ihrer Firma weiterarbeiten.

Weniger Arbeitszeit, die dafür mit mehr Leistungsvermögen, Engagement, Einsatz und natürlich auch Freude der Beschäftigten, mit weniger Fehlern, Nacharbeiten, Ausschussware, Kosten für Gewährleistungen, Reparaturen, Krankenständen und sonstigen Fehlzeiten würde längerfristig per saldo keine allzu großen Gewinneinbußen für Unternehmen bzw. Lohneinbußen für die Beschäftigten verursachen. Man braucht sich nur einmal anschauen, wie viel Arbeitszeit durchschnittlich bei einem 9-Stunden-Tag tatsächlich mit *Arbeiten* verbracht wird, insbesondere bei anspruchsvollen Tätigkeiten: Wenn es vier Stunden sind, ist es schon viel (keine Buchhalterin bei einer Steuerberaterin kann fehlerfrei neun Stunden am Stück in entsprechendem Tempo am PC Geschäftsfälle verbuchen, das wird sich nicht ausgehen – nicht zuletzt deshalb suchen die Wirtschaftstreuhänderinnen vermehrt Teilzeitarbeitskräfte). Ich selbst habe in meiner Studentenzeit einmal bei einer Baufirma auf einer Baustelle gearbeitet. Arbeitszeit war bis um fünf Uhr abends. Am ersten Tag, als ich morgens angefangen habe, habe ich mich gefragt, warum meine Arbeitskollegen so langsam und bedächtig arbeiten. Ich habe dann Krampen und Schaufel in die Hand genommen und ordentlich gewerkt. Nach zwei Stunden war ich „tot" – da war aber erst der halbe Vormittag vorbei. Da habe ich dann gewusst, warum sich die anderen so viel Zeit gelassen haben.

In Frankreich ist man diesbezüglich schon einen ersten Schritt in die richtige Richtung gegangen und hat die 35-Stunden-Woche eingeführt. Dasselbe in der deutschen Metallindustrie (dort wird aktuell – November 2023 – in den Lohnverhandlungen die 32-Stunden-Woche gefordert). Auch die Forderung der österreichischen Sozialdemokratie nach einer 30-Stunden-Woche oder die der Bauarbeiter nach einer 4-Tage-Woche kann ich nur voll und ganz unterstützen. Mit einer bürgerlichen Regierung ist so etwas allerdings sicher nur schwer möglich, wo schon die maximale Tagesarbeitszeit auf unverantwortliche zwölf Stunden angehoben worden ist.

Laut einer kürzlich veröffentlichten UNO-Studie verursachen zu lange Arbeitszeiten jährlich hunderttausende Todesfälle, vor allem durch Herzinfarkte und Schlaganfälle. Insbesondere ab 55 Wochenarbeitsstunden steigt das Risiko für Herz-Kreislauf-Erkrankungen stark an. Durch kein anderes Gesundheitsrisiko am Arbeitsplatz gehen laut UNO so viele gesunde Lebensjahre verloren wie durch Überarbeitung. Es wäre in diesem Zusammenhang ganz interessant, zu erfahren, wie viele gute Jahre man durch eine 40-Stunden-Arbeitswoche verliert, werden sicher auch einige sein. Aber eine solche Studie wäre zurzeit wohl noch sehr unpopulär.

Fakt ist jedenfalls, dass Teilzeit arbeitende Männer die glücklichsten Menschen sind, die höchste Lebensqualität aufweisen.

Leider fühlen sich viele Angehörige des starken Geschlechts, die sich in erster Linie über ihr Leistungsvermögen definieren, welches sie insbesondere an der absolvierten Wochenarbeitszeit festmachen, noch immer etwas minderwertig, wenn sie hier nicht mit dem Standard mitkommen. Deshalb müsste man dringend diesen senken. Teilzeit arbeitende Frauen haben nebenbei auch noch Haushalt, Kinderbetreuung und Pflege, alles Dinge, die auch heute in unserer aufgeklärten Zeit noch in erster Linie an ihnen „hängenbleiben". Ganz und gar sinnentfremdet ist in diesem Zusammenhang daher die Forderung mancher österreichischer Politikerin nach mehr Vollzeitarbeitsplätzen für Frauen. Noch absurder die Aussage eines bürgerlichen Politikers, die Frauen sollen Vollzeit arbeiten, damit sie mehr Steuern zahlen können.

Es gibt jetzt auch eine ganz neue (Jahr 2022) Studie zur Arbeitszeitverkürzung aus Großbritannien, an der 61 britische Firmen aus diversen Branchen mit fast 3000 Mitarbeiterinnen und Mitarbeitern teilgenommen haben. Die Arbeitszeit wurde dabei für sechs Monate um 20 % reduziert und eine 4-Tage-Woche eingeführt. Die Ergebnisse sind mehr als eindeutig: Stress und Erkrankungen bei den Beschäftigten gingen deutlich zurück. 71 % gaben an, weniger unter Burnout zu leiden, die Krankenstandstage verringerten sich um 65 %. Die Zahl der Mitarbeiterinnen, die das Unternehmen verließen, sank um 57 %. Viele berichteten, dass sie zu Hause leichter abschalten und durchatmen konnten, ihnen Freizeitaktivitäten an Samstagen und Sonntagen so erst ermöglicht wurden, auch dass sie in der Lage waren, ihre bezahlte Arbeit mit Betreuungspflichten und ihrem sozialen Leben besser zu vereinbaren; eine Person erzählte sogar, dass ihre „Montagsangst" deutlich abgenommen hatte. Dagegen veränderten sich die Einnahmen der teilnehmenden Firmen kaum, sie stiegen sogar geringfügig um 1,4 %. Die Beschäftigten waren selbst sehr daran interessiert, Effizienzgewinne zu erzielen, suchten aktiv nach Möglichkeiten und Technologien, die ihre Produktivität verbesserten, man war viel weniger geneigt, die Zeit totzuschlagen. Am Ende des Versuches sagte der Großteil der Managerinnen und Manager, dass sie sich eine Rückkehr zur 5-Tage-Woche nicht mehr vorstellen könnten.

Gespannt darf man auch auf ein ähnliches Projekt zur Einführung der 4-Tage-Woche bei vollem Lohnausgleich in Deutschland sein. Fünfzig Unternehmen verschiedener Branchen werden 2024 das Arbeitszeitmodell sechs Monate lang testen (auch österreichische Betriebe können dabei mitmachen). Man erwartet sich eine Steigerung der Produktivität, einen wichtigen Anreiz zur Fachkräftegewinnung, eine Erhöhung der Work-Life-Balance der Beschäftigten und damit eine Steigerung der Attraktivität der Unternehmen. Die Arbeitgeberinnenverbände sind zu diesem Unterfangen zwar mehrheitlich skeptisch eingestellt, aber um deren Meinung wird immer weniger gefragt.

Es geht bei diesem Thema also durchaus etwas weiter. Ich bin mir sicher, dass die 30-Stunden-Woche mittelfristig nicht mehr aufzuhalten ist, ob auf vier Tage verteilt oder auf fünf (was meiner Ansicht nach noch besser wäre). Der Druck der Beschäftigten wird immer mehr steigen, da es immer weniger von ihnen gibt, die für die Unternehmen verfügbar sind (jetzt gehen auch demnächst noch die geburtenstarken Jahrgänge in Pension). Und es werden immer mehr Menschen Unternehmerinnen, die dann entsprechend Personal suchen. Das Pendel schlägt also zunehmend zugunsten der Arbeitnehmerinnen aus. Und die Leute wollen einfach mehr Freizeit und sich nicht in einer 40-Stunden-Woche mit regelmäßigen Überstunden, vielleicht auch noch im Schichtdienst, 45 Jahre lang „ausschinden" lassen. Da lebt man ja nur für das Wochenende, den Urlaub und irgendwann für die Pension.

Die Wochenarbeitszeit hat sich in den letzten Jahrzehnten kontinuierlich vermindert und wird das weiter tun. Meine Mutter hat als junge Frau in den 1960er-Jahren bei uns im Stift Wilhering noch fünf Tage die Woche bis um sechs Uhr abends auf dem Feld arbeiten müssen und auch samstags noch bis Mittag und zusätzlich jeden zweiten Sonntag in der Küche, damit auch die dortigen Angestellten einmal frei hatten. Und das war für sie schon eine Verbesserung: Beim Bauern, bei dem sie als junges Mädchen war, hatte man lediglich Sonntagnachmittag frei, sonst wurde durchgehend gearbeitet. Das ist heute nicht mehr vorstellbar. Irgendwann werden wir so produktiv sein, dass die Leute überhaupt nur mehr *so* viel arbeiten müssen, wie es sie halt freut. Ich denke, das wird sich dann irgendwo bei zwanzig Wochenstunden und dem natürlichen Aktivitätsbedürfnis des Menschen einpendeln.

Geld vs. Glück

Arbeit sollte lediglich dazu da sein, seine Grundbedürfnisse und die seiner Familie zu sichern (auch ein kleines bisschen Wohlstand und Bequemlichkeit schaden natürlich nicht), Versicherungen gegen die Risiken des Lebens abzuschließen, eine bescheidene Vorsorge fürs Alter aufzubauen und seinen Beitrag zur Finanzierung des Gemeinwesens und einer angemessenen Landesverteidigung zu leisten (die ist leider auch notwendig). Dafür braucht man heutzutage allerdings nicht mehr annähernd vierzig Wochenstunden und mehr zu arbeiten. Die Redensart, dass man „in Wirklichkeit mit so wenig auskommt", mag inzwischen etwas abgedroschen klingen, das aber nur deshalb, weil sie für so viele Menschen einfach zutrifft und daher so oft gebraucht wird. Was soll ich als vernunftbegabte menschliche Existenz, und dafür halten sich ja doch die meisten, mit einem maßlos überdimensionierten Eigenheim, das ich erhalten, reinigen und heizen muss, noch dazu, wenn die Kinder irgendwann aus dem Haus sind, einem Luxusauto, für das ich enorme Versicherungskosten aufzuwenden habe und bei dem ich durch einen eventuellen Unfall mit Totalschaden, der ja schon durch eine kleine Unachtsamkeit ausgelöst werden kann, auf einen Schlag ein paar Tausend hochbezahlte Arbeitsstunden in der Herstellung vernichte, oder gar einem übermäßig gefüllten Bankkonto (da ist es gescheiter, man spendet das Geld).

Ich kann mich noch an den Wahlkampf des ehemaligen Landeshauptmanns von Oberösterreich, Erwin Wenzel, in meiner Kindheit erinnern, bei dem jedes Kind im Land ein T-Shirt mit einem Löwenkopf vorne drauf geschenkt bekommen hat. Man hat oft sogar mehr als eines ergattert und sie richtiggehend gesammelt. Bei uns sind alle im Ort in diesen T-Shirts herumgelaufen. Wir hatten damals eine solche Freude damit, dass ich mich noch heute, fünfzig Jahre später, daran erinnere. Also was soll ich da mit Nike oder Adidas, die kosten ein Vielfaches und bringen auch nicht mehr. Mein kleiner Neffe hat zu seinem ersten Geburtstag ein halbes Einkaufszentrum an Geschenken bekommen, gespielt hat er allerdings nicht *damit*, sondern stundenlang mit deren Verpackungen. Ob einem bestimmte Sachen Freude bereiten, kommt meist gar nicht auf ihren Wert an. Die Arme ist mit Sicherheit genauso glücklich in ihrer Welt wie die Begüterte, vermutlich sogar glücklicher, da sie regelmäßig weniger (Berufs-)Stress und daher eine höhere Genussfähigkeit hat. Ich bin mir sicher, dass die kleine Teilzeit-Buchhalterin genauso viel Freude mit ihrem Fiat 500 hat wie der 80-Wochenstunden-Manager mit seinem Luxus-BMW.

Auch in den kommunistischen Ländern des früheren „Ostens" hatte jede Familie im Wesentlichen nur ihr kleines Häuschen oder ihre bescheidene Wohnung und ihren Trabi, Skoda oder Lada und war zufrieden (man kann es sich ja durchaus auch mit wenig Geld schön machen). Dass die Leute damals Depressionen gelitten hätten, weil sie keinen SUV in der Garage stehen hatten oder keinen Swimmingpool im Garten, ist nicht anzunehmen. Es ist einem damals offensichtlich nicht das Geringste abgegangen (wenn man nichts anderes kennt, entstehen auch keine Begehrlichkeiten; die sind erst mit Blick über die Grenze in den sich entwickelnden, kapitalistischen, immer reicher werdenden „Westen" aufgekommen). Dann vernimmt man in den Nachfolgestaaten dieser ehemaligen „Volksrepubliken" durchaus nicht selten, dass „damals" nicht alles schlecht war; da wird wohl durchaus ein Körnchen Wahrheit drinnen stecken. Luxusgüter werden in einer Volkswirtschaft immer erst dann produziert, wenn die Leute nicht mehr wissen, wohin mit ihrem Geld.

Dass ein hoher Verdienst, Vermögen und Statussymbole vor allem für den männlichen Menschen eine derart hohe Bedeutung haben, dass er dafür Gesundheit und Lebensqualität opfert, alles tut, um den anderen auszustechen und zu übertreffen, hat seine tiefere Ursache noch in einer Zeit, in der sich die Frauen ihren Partner danach ausgesucht haben, was der Betreffende vor allem materiell zu bieten hatte (neben physischen Vorzügen); das wurde als Zeichen der Stärke und Überlebensfähigkeit gesehen, nicht zuletzt war man dann selbst, wie auch die Nachkommenschaft, finanziell mehr oder weniger abgesichert. Heute suchen sich die Frauen *den* Mann aus, der am besten zu ihnen passt; ob der reich ist, hat nur mehr marginale Bedeutung. Ihr Geld verdient Frau sich heute selbst.

Das männliche Geprotze hat somit eigentlich jeden Sinn verloren, ist aber immer noch, gegen jede Vernunft und Einsicht, gang und gäbe. Heute werden sogar schon die Frauen immer mehr miteinbezogen. Jedes Jahr hört man am „Equal Pay Day", dass Frauen durchschnittlich erheblich weniger verdienen als Männer. Vor allem den Politikerinnen, die darin eine Minderbewertung ihres Geschlechts sehen, ist das ein Dorn im Auge. Die verkennen völlig, dass nicht die Bezahlung im Job den Wert eines Menschen ausmacht. Da müsste Mutter Teresa völlig wertlos gewesen sein. Und viele Frauen, die den Lebensweg einer Ordensschwester gewählt haben, sehen ihren Wert *gerade* in einer unentgeltlichen Tätigkeit. Und wenn man sich viele, auch bei uns bekannte, amerikanische Milliardäre ansieht, viel menschlicher Wert kommt bei denen in Summe nicht zusammen.

Und auch den meisten Frauen ist der Umstand, dass sie weniger verdienen als die Männer, herzlich egal. Wenn ihnen gleiche Bezahlung wirklich etwas bedeuten würde, hätten sie diese bereits längst durchgesetzt, dafür sind sie in unserer westlichen Welt, in Wirtschaft und Politik, bereits viel zu mächtig. Ihnen geht es offensichtlich um völlig andere Dinge im Leben (z. B. Glück? – kann ja sein; immerhin sind unter Männern sechs Mal so viele Alkoholiker in Behandlung wie unter Frauen und dreimal so viele Männer wählen irgendwann in ihrem Leben den

Freitod). Aber wer Wert auf einen entsprechenden Verdienst legt, sich einen mehr oder weniger hohen Status davon ableitet, ohne den er offenbar nicht kann, tut sich schwer damit, dass es Menschen gibt, vor allem Frauen, denen das Geld völlig egal ist. Genau wie der Mercedes-Fahrer nicht nachvollziehen kann, dass man auch mit einem Kleinwagen zufrieden sein kann (müsste er seinen Protzwagen gegen einen mickrigen Japaner eintauschen, würde er jede Lebensfreude verlieren – da würde er sogar lieber öffentlich fahren).

Und auch der ständige Versuch der Politik, Frauen in Berufe hineinzupressen, die besser bezahlt sind oder gefühlt einen höheren Status vermitteln, wie z. B. Ingenieurin, Naturwissenschaftlerin, Politikerin, Managerin, Aufsichtsratsmitglied, ist schön langsam etwas nervig. Vielleicht sind Frauen einfach *gerne* Volksschullehrerinnen, Kindergartenbetreuerinnen, Sozialarbeiterinnen oder Psychologinnen und haben finanzielle oder Statusüberlegungen gar nicht nötig, wie viele bedauernswerte Männer. Bei einer Demonstration in Frankreich gegen die Erhöhung des Pensionsantrittsalters hat ein junges Mädchen ein Transparent vor sich hergetragen: „Alles, was wir wollen, ist glücklich sein." Genau das ist es. Die hat gecheckt, um was es geht. (Ich selbst möchte i. Ü. auch kein Ingenieur sein; und was an einem Politiker oder gar Aufsichtsratsmitglied so besonders sein soll, ist mir auch etwas unklar.) Und wenn schon Frauenquoten, warum dann ständig 40 % und nicht 52 %, wie die Frauen ja auch in der Bevölkerung vertreten sind.

Aber wir Männer haben noch immer das Gefühl, den Frauen „irgendwie" überlegen zu sein, lassen ihnen „gnädig" den einen oder anderen Aufsichtsratsposten oder Parlamentssitz zukommen bzw. die eine oder andere von ihnen etwas in die männlich dominierte Welt der MINT-Berufe hineinschnuppern (halt nur ja nicht zu viele, damit sie uns nicht über den Kopf wachsen). Für diese Überheblichkeit gibt es allerdings bei genauer Betrachtung nicht den geringsten Anlass. Wir Männer mögen die Frauen in puncto physische Kraft, Statussymbole, Dominanz in sozialen Beziehungen, im öffentlichen Leben und in der Wirtschaft zwar übertreffen, aber was die psychische Kraft und vor allem die Lebensqualität betrifft, und das ist letztlich das Entscheidende, haben sie uns weit abgehängt. Dass wir uns selbst gern für das „starke" Geschlecht halten, nehmen sie lächelnd hin und lassen uns „gnädig" gewähren, da sie genau wissen, dass unsere Kraft nur bis zum Bizeps reicht und wer in *Wirklichkeit* die Stärkeren sind. Und auch die vielen Femizide und gewalttätigen Übergriffe von Männern auf Frauen in Beziehungsangelegenheiten werfen ein durchaus bezeichnendes Bild auf deren z. T. geringe psychische Stärke. Richtige Männer schlagen weder Frauen noch sonst irgendjemand; das tun bloß Schwächlinge, die sich nicht in der Hand haben, oder Dummköpfe, bei denen der Trieb stärker ist als der Verstand. Einen Schwächeren zu schlagen, der sich nicht wehren kann, ist wirklich ausgesprochen jämmerlich.

Dazu auch noch ein kleiner, aber bezeichnender Exkurs ins Tierreich: Auch hier haben die männlichen Individuen meist nichts zu lachen. Wenn man *die* Tierart betrachtet, die uns am nächsten ist, nämlich die Affen, sind die dominanten Männer dort in einer nicht gerade beneidenswerten Position. Sie müssen ständig ihre Rivalen in Schach halten, sind immer wieder in Kämpfe mit aufstrebenden jungen Artgenossen verstrickt, bei denen sie oft schlimme Verletzungen davontragen, müssen ihre Weibchen bei Laune halten, wenn ihnen das nicht mehr gelingt, werden sie gnadenlos verjagt und durch einen anderen ersetzt. Das einzig Positive (aus unserer menschlichen Sicht) ist vielleicht, dass ihr Aussehen meist auffälliger und attraktiver ist als das der Weibchen, sie körperlich stärker und in einer Führungsposition sind und so ihre Gene weitergeben können (im besten Fall ein paar Jahre lang, dann kommt der nächste Bedauernswerte dran), aber davon haben sie subjektiv auch nicht wirklich viel. Die nicht dominanten Männer sind dagegen ständig Außenseiter, können nur auf ihre Chance warten, die für die meisten nie kommt, und sind unzufrieden, dass sie ihren Geschlechtstrieb nicht ausleben können. Die weiblichen Tiere haben dagegen ein äußerst gemütliches Leben, tun nichts anderes, als Nahrung suchen und ihre Jungen aufziehen. Sie streiten zwar oft untereinander, das Ganze artet aber nie aus. Wie bei uns Menschen. Mann hats dagegen schon schwer auf der Welt.

Das Mittelmaß zwischen Wohlstand und Wohlbefinden zu finden (inkl. möglichster Schonung unseres Planeten), ist sicher eine große Herausforderung für unsere Zukunft. Momentan geht das Ganze in den Industriestaaten in eine Richtung, die immer mehr Leute nicht mehr wollen. Dabei könnte man ganz geschickt zwei Fliegen mit einer Klappe erledigen: Sich nicht mehr so viel plagen im Erwerbsleben würde zugleich eine viel höhere Lebensqualität über die gesamte Lebenszeit bedeuten. Warum wir auf beides verzichten, ist sicher in erster Linie darauf zurückzuführen, dass die Verbindung zwischen (vor allem Berufs-)Stress einerseits und psychischen Beschwerden, Krankheiten und letztlich Verminderung der Lebensqualität andererseits noch immer viel zu wenig bekannt ist, obwohl die Menschen diesen Zusammenhang zunehmend intuitiv wahrnehmen. Über Stress wird zum Glück immer *mehr* geredet, über psychische Leiden bedauerlicherweise noch immer viel zu wenig. Dann nimmt man am 10. September ganz verschämt wahr, dass sich in Österreich über 1200 Menschen im Jahr das Leben nehmen, denkt an die eigenen Suizidgedanken, die sich bei vielen von uns immer wieder einstellen, um das Ganze am nächsten Tag vor lauter Arbeits- und Schulstress schon wieder vergessen zu haben.

Aber der Mensch ist lernfähig, zumindest möchte man das glauben, und die verkrusteten Strukturen scheinen doch langsam aufzubrechen. Immer mehr von uns stellen sich die Frage, was sie von Haus und Garten, dem schönen Auto, dem Geld auf dem Sparbuch, ihrem Leben überhaupt haben, wenn sie es nicht genießen können. 71 % der Befragten in der britischen Studie geben an, bei einer 4-Tage-Woche *weniger* Burnout-Beschwerden zu haben, das bedeutet nichts anderes, als dass mindestens 71 % genau an solchen gelitten haben und noch immer leiden, *trotz* der Arbeitszeitverkürzung. „Burnout" klingt dabei etwas harmlos, ist es aber nicht. Burnout heißt nichts anderes als anhaltende psychische Beschwerden, wie Depressionen, Ängste,

Sorgen, Unruhe und Nervosität bis hin zu Erschöpfungszuständen (65 % der Männer leiden unter solchen, 15 % schwer). Dazu kommen ein oft dramatisches Absinken der Leistungsfähigkeit, der Belastbarkeit, Partnerschaftsprobleme, Probleme im Job, im Extremfall Jobverlust. Und es bedeutet auch, dass man oft nur mehr mit Psychopharmaka, Alkohol und ggf. endogenen Glückssubstanzen eine akzeptable Befindlichkeit zusammenbringt. Und wenn das über das ganze Arbeitsleben andauert, wird man um eine Chronifizierung dieser Erkrankung regelmäßig nicht herumkommen. Dann kann man auch in der Pension nichts mehr genießen.

Das kann es doch einfach nicht sein. Was habe ich da von meiner Existenz gehabt, wenn es einmal vorbei ist und mein Lebenssaldo ein fettes Minus aufweist? Da wäre ich besser dran gewesen, wenn es mich nie gegeben hätte. Auch die Unternehmerin stellt ihren Betrieb ein, wenn der in Summe keinen Gewinn abwirft. Die britische Studie hat hier zwar die Richtung gezeigt, aber wir sind noch lange nicht am Ziel. Da muss noch viel passieren.

Psychische Energie

Jeder Mensch hat nur eine bestimmte Menge an psychischer Energie zur Verfügung. Tagesenergie, die sich beim Relaxen nach der Arbeit, am Wochenende, im Urlaub und in einem hoffentlich erholsamen Schlaf aufbaut, die man dann an einem anstrengenden Arbeitstag wieder aufbraucht, und psychische Reserven, die jeder Mensch von Natur aus hat. Danach ist nichts mehr da. Wenn man letztere durch übermäßige Stressbelastungen aufgebraucht hat und sich dann mit diversen Hilfsmitteln, wie Medikamenten, weiter stark belastet, wehrt sich das Gehirn vehement und es stellt sich irgendwann eine völlige psychische Erschöpfung ein und man klappt – nicht selten während der

Arbeit – komplett zusammen. Das Ergebnis ist dann regelmäßig eine mehr oder weniger lange und schwere depressive Episode oder gar schon eine chronische Depression.

Man sollte daher immer darauf achten, genug psychische Energiereserven zu haben (mit einem Modewort „Resilienz" – psychische Widerstandskraft), sollte diese vor allem nicht mit unnötigen und unsinnigen Belastungen aufzehren wie vor allem längeren Streitigkeiten mit dem Nachbarn, der Familie, oder endlosem Gezänk mit einem Partner, der nicht passt, und immer dazu sehen, in guten Zeiten Energie anzusammeln und nicht stets am Limit zu leben, damit man in schlechten und stressigen Lebensphasen etwas zum Zubessern hat. Kein Mensch ist vor Krankheiten, Unfällen oder Schicksalsschlägen gefeit.

Wenn man auf seiner persönlichen Wohlfühlskala konstant auf dem hohen Wert 9 ist und bei länger dauernder Stresseinwirkung dann auf 7 sinkt, hat man immer noch keine psychischen Beschwerden. Wenn man aber Ausgangswert 6 hat, also knapp am Limit lebt, und auf 4 sinkt, wird man um Depressionen nicht herumkommen.

Viele Betroffene machen auch den Fehler, zwar die schlimmsten Überlastungsfolgen auszuheilen, sich dann aber viel zu früh erneut voll ins Arbeitsleben zu stürzen und nicht abzuwarten, bis sich das Gehirn wieder vollständig regeneriert hat und der psychische Akku wieder voll ist. Dann kann es sein, dass man von einer depressiven Episode in die nächste schlittert und sogar eine chronische Depression heranzüchtet.

Schwache Signale

Es kommt nicht selten vor, dass man eine Stressüberlastung erfahren hat, die so niederschwellig war, dass man die folgende Verschlechterung seiner psychischen Verfassung gar nicht so deutlich registriert. Hier geben vor allem schwache Signale Aufschluss: Man schläft nicht so gut wie gewöhnlich, braucht dafür vielleicht sogar Medikamentenunterstützung, die Note, die man seiner Befindlichkeit gibt (das sollte man am besten jeden Abend tun), wird schlechter, man ist gereizter, nicht so gesprächig, geht am Morgen schwerer in die Arbeit, ist weniger gut belastbar, hat kaum Lust, nach der Arbeit noch etwas zu unternehmen oder Sport zu machen, trinkt mehr Alkohol und Kaffee als sonst. Ein besonders deutliches Zeichen ist die Vernachlässigung der Körperpflege: Man geht weniger häufig unter die Dusche, kürzt die Morgentoilette ab, man lässt den Bart einige Tage stehen, hat weniger Lust, sich schön herzurichten.

Hier gilt es, diese schwachen Signale bewusst zu registrieren und ernst zu nehmen und seine alltägliche Stressbelastung vorübergehend mehr oder weniger deutlich zu vermindern, bis man wieder entsprechend fit ist. Ein paar Tage früher von der Arbeit nach Hause gehen oder sich frei nehmen, das Lernen für eine gewisse Zeit sein lassen, wenn geht, Tätigkeiten im Job verrichten, die nicht so anspruchsvoll sind, sich beim Sporteln zurücknehmen. All das tun allerdings die meisten Menschen nicht, jedenfalls nicht bewusst; hier hapert es oft schon am grundlegenden Verständnis für psychische Zusammenhänge.

Jedes Mal, wenn man die schwachen Signale einfach übergeht, wird die Gehirngesundheit dauerhaft ein kleines bisschen schlechter, die Belastbarkeit geht unmerklich zurück und irgendwann, vielleicht erst nach ein paar Jahren, hat sich eine chronische psychische Erkrankung herausgebildet; und wenn man *die* bei sich bemerkt, ist es regelmäßig schon zu spät. Das ist wie bei einer schlechten Partnerschaft: *Eine* Beleidigung, Herabwürdigung oder Tätlichkeit nimmt man hin, auch zehn, vielleicht sogar hundert und mehr, aber bei jedem Mal wird die Zuneigung etwas schwächer und irgendwann ist das Maß voll, dann mag man nicht mehr und trennt sich; und dann gibt es auch kein Zurück mehr, so gerne der andere das auch hätte, die Abneigung ist einfach schon zu groß.

Empfehlungen für Achtsamkeit in Bezug auf die *körperliche* Gesundheit sind heute bereits fast allgegenwärtig. Keine Illustrierte, einschlägige Radio- oder TV-Sendung kommt ohne die regelmäßige Präsentation (angeblicher) Spezialistinnen und deren Ratschläge aus. Bewegung, gesunde Ernährung, wenig Alkohol, Verzicht aufs Rauchen, Vorsorgeuntersuchungen, Blutdruck- und Cholesterinkontrollen, Impfungen sind schon seit Jahren Dauerthemen. Was dagegen die *psychische* Verfasstheit betrifft, ist man da oft noch sträflich nachlässig, nicht zuletzt deshalb, weil das kranke Gehirn leider noch immer ein Tabuthema ist. Da nimmt man dann sogar lieber seine Beschwerden in Kauf und macht genauso weiter wie bisher, als sich das ganze Problem einzugestehen und etwas dagegen zu unternehmen.

Menschen, die dagegen gelernt haben, auch auf schwache Signale zu achten (betrifft vor allem viele – ehemalige – psychisch Kranke, die entsprechend sensibel dafür geworden sind), und die ihr Leben so eingerichtet haben, dass sie auch einmal eine gewisse Zeit die Stressbelastung deutlich reduzieren können, haben die besten Voraussetzungen, vollumfänglich gesund zu bleiben bzw. ggf. ihre volle psychische Unversehrtheit wiederzuerlangen. Wer dagegen zu viele Verpflichtungen in seinem Leben eingegangen ist, ist diesbezüglich oft in keiner so guten Position. Das betrifft vor allem diejenigen, die Vollzeit arbeiten, vielleicht sogar noch mit regelmäßigen Überstunden, welche die Chefin dann schon wie selbstverständlich einfordert, dazu Menschen, die sich zusätzlich zum Job auch noch intensiv in diversen Freizeitvereinen, gemeinnützigen Organisationen, politischen Parteien oder auch kirchlichen Einrichtungen engagieren, und ohne die es dann dort gar nicht mehr geht, oder den Häuslbauer, der regelmäßig nach einem schweren 9-Stunden-Tag auch noch abends und am Wochenende arbeiten muss, um die Kreditraten bezahlen zu können, genauso wie die Selbstständige, die aus Angst, ihre Kundschaften zu verlieren, vermeint, keinen Auftrag ablehnen zu können.

ABSCHNITT 7: **ABSCHLUSS**

Leben mit der Erkrankung bis zu ihrer erfolgreichen Ausheilung

Solange die Depression nicht völlig ausgeheilt ist, muss man sich notgedrungen mit ihr arrangieren. Das betrifft vor allem chronisch Kranke, bei denen der Heilungsverlauf entsprechend langsam verläuft.

Eine Depression wird oft vom Leidensdruck her mit anhaltenden physischen Beschwerden verglichen (ein Viertel der österreichischen Bevölkerung leidet ja daran). Ein wesentlicher Unterschied dazu besteht jedoch darin, dass man gegen psychische Beschwerden viel mehr tun kann, als nur Tabletten zu nehmen, und nicht so limitiert in seinen Verbesserungsmöglichkeiten ist.

Manchmal sind die Beschwerden der psychisch Kranken sehr heftig, ein andermal wieder spürt man sie überhaupt nicht, denkt tagelang nicht einmal an die Erkrankung (speziell, wenn man keine Belastungen hat, z. B. im Urlaub). Die meiste Zeit sind sie aber latent da. Es ist das Leben für den depressionskranken Menschen einfach ein bisschen schwerer als für den gesunden: ob es das Arbeiten ist, das Lernen, die täglichen Wege, der Umgang mit Menschen, stressige Ereignisse, die bevorstehen.

Mit der Zeit sammelt man allerdings immer mehr Erfahrungen und Wissen über die Erkrankung. Man lernt, was sie verbessert, was sie verschlechtert, worauf man ganz besonders achten muss. Man hat sich ggf. mit Büchern bzw. ärztlicher oder therapeutischer Hilfe über sie schlaugemacht, weiß, welche Funktionen im Gehirn entsprechend gestört sind. Man hat irgendwann die optimale Medikation gefunden, eine gute Fachärztin, der man vertraut, sowie eine kompetente Psychotherapeutin oder eine Lebensberaterin, die einem vielleicht auch noch menschlich liegt. Darüber hinaus gibt es hoffentlich einen angenehmen

Arbeitsplatz, die eine oder andere Sportart, die man wirklich gerne und daher auch immer wieder macht, sowie eine geistige Betätigung, die einen entsprechend fordert.

Man kann also sehr gut mit der Depression leben. Auch ein durchaus schwerer Krankheitsverlauf ist in den Griff zu bekommen. Dann ist auch die Tatsache, dass sie oft nur langsam besser wird, durchaus hinzunehmen und man kann ihr völliges Ausheilen geduldig erwarten. Und immer bedenken, dass der Genesungsprozess umso rascher verläuft, je psychisch gesünder man wird; da geht es dann oft ganz schnell.

Noch dazu ist der Weg heraus aus der Erkrankung auch ausgesprochen spannend. Man lernt so viel über sich selbst, wie man funktioniert, auch über andere Menschen, wie *die* funktionieren, versteht seine Welt dadurch viel besser und wird auch viel geduldiger und verständnisvoller mit sich und seiner Umgebung. Wenn man weiß, *warum* ein Mensch sich so verhält, wie er das eben tut, nimmt man auch negative Erfahrungen mit ihm viel leichter hin. Man findet darüber hinaus meist auch zu einer völlig neuen Lebenseinstellung, die für das weitere Dasein äußerst nützlich ist. Viele Dinge, die früher wichtig waren, deren Erwerb mit viel Stress verbunden ist, vor allem Materielles, verliert komplett seine Bedeutung. Und vieles, das entsprechend leichter zu bekommen ist, wenn man es richtig angeht, wie die Lebensqualität, ein „Nebenprodukt" der psychischen Gesundung, wird immer wichtiger.

Gewinnerinnen und Verliererinnen

Man fragt sich manchmal, warum es im Leben Gewinnerinnen und Verliererinnen gibt, Menschen, denen alles gelingt, die immer auf die Füße fallen, und andere, die immer nur draufzahlen. Die Antwort ist ganz einfach: Erstere haben ein völlig gesundes

Gehirn und letztere eine mehr oder weniger stark ausgeprägte psychische Erkrankung. Das ist alles.

Viele von uns kennen Menschen, die weder klug noch schön, nicht reich, erfolgreich, beliebt oder sensibel sind, kaum Freunde oder besondere Begabungen und Talente haben, ihr Leben lang in einfachen Berufen arbeiten, die aber sowas von gut drauf und psychisch gesund sind, dass sie einfach Gewinnerinnen im Leben sind.

Und die Antwort auf die Frage, wie man im Leben eine Gewinnerin wird, ist so einfach: Wie auf seine physische auch immer auf seine psychische Gesundheit achten. Nach Stresssituationen stets ausreichend Erholung, die berufliche Tätigkeit zeitlich und von der Intensität immer gut dosieren, geduldig einen Lebenspartner suchen, den man richtig gerne mag, wenn man keinen wirklich passenden findet, lieber allein bleiben, möglichst viele Dinge tun, die einem Spaß machen, einfach das Leben bestmöglich genießen. Wie man sich die körperliche Gesundheit durch einen entsprechenden Lebensstil bewahren kann, kann man das auch für die psychische Gesundheit tun.

Und das Gute an der ist, dass sie jede umsonst haben kann. Man muss sie sich nicht durch irgendwelche Leistungen verdienen oder eine besondere Begabung oder Veranlagung dafür haben, sie ist von Geburt an da. Der größte Dummkopf, der hässlichste Mensch, die Unsympathischste und Unbeliebteste kann so zur größten Gewinnerin im Leben werden und alle Begabten und Beliebten, aber psychisch Beeinträchtigten, auslachen. So sah sich Pop-Ikone Tina Turner, die eigentlich alles hatte, was man sich nur wünschen kann, Talent, gutes Aussehen, Zuspruch anderer Menschen und beruflichen Erfolg, nur scheinbar eben nicht psychische Gesundheit, am Ende zu der Aussage veranlasst: „Es war kein gutes Leben." Und so wird es manch anderem, der vermeintlich auf der Sonnenseite des Lebens gestanden ist, wohl auch gegangen sein wie Marilyn Monroe, Ernest Hemingway, Hermann Hesse, Pablo Picasso, Kurt Cobain, Ray Charles, Robin Williams oder unserer Kaiserin Sisi.

Psychische Krankheiten als Chance

Eine schwere Depression bzw. Angststörung ist nicht nur eine Krankheit, sondern auch eine Chance: Ein Mensch, der an einer leichten oder mittelschweren larvierten Erkrankung leidet und oftmals nur Komplexe, Hemmungen, starke Schüchternheit, Selbstwertverlust, u. Ä. hat, die er nicht sofort in Zusammenhang mit einer psychischen Krankheit bringt und die er vielleicht mühsam und mit marginalen Erfolgen durch Psychotherapie und Selbsthilfeseminare zu beseitigen sucht, wird auch keine entsprechenden Anstrengungen unternehmen, zu einem wieder vollumfänglich gesunden Gehirn zu kommen. Er merkt ja nicht, dass er eigentlich psychisch krank ist.

Nur die schwer Kranke, die auch die genannten Symptome richtigerweise ihrer Erkrankung zuordnet, wird nicht eher zufrieden sein, bis sie ihr Leiden unter Anwendung der richtigen Strategie völlig ausgeheilt hat und ihre Lebensqualität wieder komplett hergestellt ist, während die Symptom-Bekämpferin, die oft lediglich eine Psychotherapie frequentiert, oft ob der geringen Fortschritte verzweifelt. So ist die schwer Kranke mit entsprechendem Bewusstsein für ihre Erkrankung am Ende des Tages in einer viel besseren Position als die, im Vergleich zu ihr viel weniger psychisch Beeinträchtigte, die sich selbst oft für vollkommen gesund hält.

Das Problem, die Depression oder Angststörung nicht konsequent und bis zur kompletten Ausheilung zu bekämpfen, stellt sich auch und insbesondere dann, wenn man ein gut wirkendes Medikament nimmt. Die gröbsten Beschwerden ist man los und man ist oftmals zufrieden, so wie es ist. Man merkt zwar immer wieder, dass man nicht völlig gesund ist (vor allem bei stärkeren Belastungen), Anstrengungen zur vollkommenen Genesung unterlässt man jedoch. So kommt es nicht selten vor, dass Menschen Psychopharmaka ewig lange oder sogar ein Leben lang nehmen und ihr Leiden fälschlicherweise als unheilbar ansehen.

ANHANG

Arbeitsfähigkeit

Da die Intensität psychischer Beschwerden für die Außenstehenden nicht nachvollziehbar oder sonst in irgendeiner Weise erfassbar oder sogar messbar ist, ist es auch nicht möglich, einer Betroffenen auf welche Art auch immer Arbeitsfähigkeit zu attestieren, so gern Sozial- oder Arbeitsämter das auch tun würden. Da sind dann auch einschlägige Gutachten von Fachärztinnen sehr kritisch zu sehen, da man auch mit noch so großer Erfahrung aus langer ärztlicher Berufstätigkeit die psychische Verfasstheit und Belastbarkeit eines Menschen nicht wirklich zweifelsfrei feststellen kann. Man mag mit den richtigen Fragen zwar in die Nähe kommen, aber mehr schon nicht. Und wenn man als Gutachterin mit einem die Arbeitsfähigkeit bescheinigenden Testat auch vier von fünf Mal richtig liegt, ist die eine Falsche, die dann vielleicht ungerechtfertigterweise ihre finanzielle Unterstützung verliert, die für sie lebensnotwendig ist, und die dann im Extremfall auf der Straße landet, dennoch nicht tolerierbar. Auch gilt es zu bedenken, dass manche Gutachterin nicht das nötige Herz für kranke Menschen hat und ihre Testate von vornherein mit Vorsicht zu genießen sind. Auch mag im Einzelfall persönliche Sympathie bzw. Antipathie das Ergebnis beeinflussen.

Jede Entscheidungsträgerin im Sozialwesen sollte sich daher nicht blind auf ein ärztliches Gutachten verlassen und im Zweifel regelmäßig *für* die Antragstellerin entscheiden. Dass i. Ü. in Österreich überhaupt manche Menschen ohne feste Bleibe und Dach über dem Kopf ihr Leben verbringen müssen, ist ganz und gar inakzeptabel. Obdachlosigkeit ist ein Paradesymptom psychischer Erkrankungen und jede Betroffene hätte zumindest Anspruch auf die Sozialhilfe.

Die zweifelsfreie Feststellung der Arbeitsfähigkeit bei psychischen Beeinträchtigungen wird i. Ü. auch in der ferneren Zukunft ob der enormen Komplexität und individuellen Ausgestaltung des menschlichen Gehirns nicht möglich sein, wenn überhaupt jemals. Das ist in unseren Breiten, wo die Arbeit leider das Wichtigste ist im Leben, zwar unbefriedigend, ist aber so.

Es ist dann letztendlich ganz einfach: Wenn jemand angibt, dass er auf Grund einer nachweislichen psychischen Störung – die kann man schon feststellen – nicht arbeiten *kann*, dann bleibt einem im Zweifelsfall nichts anderes übrig, als ihm das zu glauben, auch wenn man es manchmal ganz und gar nicht glauben *will*. Ich denke, dass ein abendländisch geprägter Mensch grundsätzlich arbeitswillig ist und ohne eine regelmäßige Berufstätigkeit auch so viele materielle und immaterielle Nachteile in Kauf zu nehmen hat (kein regelmäßiges Einkommen, Angewiesensein auf Sozialleistungen, ein letztendlich unbefriedigendes Leben, kein Selbstwertgefühl, keine Möglichkeit, eine eigene Familie zu gründen, Nachkommen zu versorgen), dass es schon sehr gute Gründe braucht, wenn er sich zu einer Erwerbstätigkeit nicht imstande sieht.

Leistungsfähigkeit im Sport

Psychische Erkrankungen können nicht nur Geist und Seele blockieren, sondern auch die Physis, insbesondere in Stresssituationen. Während die psychisch Gesunde alles, was in ihr steckt, ihr volles Potential und mehr auch bei Bedarf abrufen und das letzte Bisschen aus sich herausholen kann und sich immer dann, wenn sie es braucht, am Plafond ihrer Möglichkeiten befindet, ist das mit psychisch beeinträchtigtem Gehirn nicht möglich. Die Leistungsfähigkeit, vor allem beim Sport, sinkt unter Umständen enorm. Dann kann es sein, dass ein hochveranlagter Sportprofi, der alles hat, was man für eine große Karriere braucht, außer psychischer Gesundheit, seine ganze aktive Laufbahn den eigenen Ansprüchen und denen seines Umfeldes weit hinterherhinkt. Man weiß, dass man es kann, ist aber nicht in der Lage, es auch zu zeigen. Das ständige Versagen drückt dann regelmäßig auch noch auf das Selbstvertrauen und der Teufelskreis schließt sich. Dann ist man zwar im Training oft die Geschickteste, Ausdauerndste, Schnellste und Stärkste, übertrumpft alle seine Kolleginnen, bei Stress unter Wettkampfbedingungen versagt man aber immer wieder und muss den viel weniger talentierten, aber psychisch Gesunden den Vortritt lassen. Andere Leute, die das mit der Zeit auch mitbekommen, sagen dann gerne, bei der stimmt es „im Kopf" nicht – und sie haben damit völlig recht.

Da spielen dann natürlich auch Faktoren außerhalb des Sports oft eine entscheidende Rolle. Wenn im privaten Umfeld alles passt, man glücklich verliebt oder verheiratet ist, man vielleicht sogar gerade Nachwuchs bekommen hat, ist auch die körperliche Leistungsfähigkeit meist eine ganz andere. Nicht umsonst zeigen viele Fußballstars gerne beim Torjubel, dass sie gerade Väter geworden sind; die wissen schon, wem sie das Ganze zu verdanken haben. Dann kann es sein, dass ein einzelner Spieler, der gerade entsprechend in Form ist, eine ganze Mannschaft beflügelt und in ungeahnte Höhen führt.

Viele Betroffene suchen dann Hilfe bei einer Mentaltrainerin, versuchen es mit diversen einschlägigen Psychotechniken, die einen aber regelmäßig auch nicht wesentlich weiterbringen, weil sie die Ursache des Ganzen, die Funktionsstörungen im Gehirn, unbeeinflusst lassen. Eine Psychiaterin oder Psychotherapeutin wären hier die geeigneteren Ansprechstellen. Oft würden einen auch schon geeignete Psychopharmaka entscheidend weiterbringen, die, wenn ärztlich verordnet, auch im Sport erlaubt sind.

Vor allem viele Fußballprofis, die schon in jungen Jahren zu rasch nach oben kommen und dafür einfach mental noch nicht bereit sind, davon maßlos überfordert werden und bleibenden psychischen Schaden nehmen, die mit einem Sportfachbegriff „verheizt" werden, können ihre außergewöhnlichen Fähigkeiten nie mehr wirklich auf dem Spielfeld zeigen und dümpeln ihre ganze Karriere lang in irgendwelchen zweiten und dritten Ligen herum, wo die Ansprüche entsprechend niedriger sind und der Stress sich für die Betreffenden in Grenzen hält, obwohl sie eigentlich für einen Spitzenklub geeignet gewesen wären. Hier wäre oft ein einfühlsamer Trainer oder Mentor eine unschätzbare Hilfe. Aber der Manager eines jeden Spielers verdient nur bei einem entsprechend raschen Aufstieg seines Schützlings, speziell bei einem Vereinswechsel in eine „bessere" Liga, und arbeitet dann im Hintergrund oft zum Schaden des jungen Sportlers.

Ich kann mich noch gut an die Fußball-Europameisterschaft 1992 erinnern, als Dänemark nachträglich den Platz von Jugoslawien bei der Endrunde bekommen hat, obwohl sich die Dänen als Gruppenzweiter gar nicht dafür qualifiziert hatten. Sie kamen damals völlig entspannt und erholt aus dem Urlaub, weil sie gar nicht mit einer Teilnahme gerechnet hatten, während die anderen Mannschaften sich mit viel Trainingsstress für das Turnier vorbereitet haben. Wer es nicht weiß, kann gerne nachschauen, wer 1992 Fußball-Europameister geworden ist. Es war eine der größten Überraschungen in der Sportgeschichte überhaupt. Dänemark ist ja nicht einmal so groß wie Österreich und alles andere als eine Fußballgroßmacht. Dass man im Finale dann gerade die perfektionistischen, viel höher eingeschätzten Deutschen besiegt hat, hat damals nicht einer gewissen Ironie entbehrt.

Verkehrstüchtigkeit

Viele Menschen sind der Ansicht, dass psychisch Beeinträchtigte, die Psychopharmaka nehmen, sich aus diesem Grund besser nicht ans Steuer eines Kraftfahrzeuges setzen sollten. Diese Meinung wird auch noch dadurch verstärkt, dass jedes einschlägige Medikament, das in den Handel kommt, auf Schachtel und

Packungsbeilage einen gut sichtbaren Warnhinweis aufweist, dass das betreffende Präparat die „Reaktionsfähigkeit und Verkehrstüchtigkeit beeinträchtigen" *kann*. Außerdem steht oft im Raum, dass psychisch wirksame Medikamente besonders schwerwiegende Auswirkungen auf das Gehirn und dessen Funktionieren haben, was nicht stimmt, ganz im Gegenteil.

Fakt ist, dass gut wirkende Psychopharmaka die Fahrtüchtigkeit der Anwenderin regelmäßig deutlich *verbessern*, speziell anregende Antidepressiva, die man immer morgens nimmt und die psychisch bedingte Defizite, was das Lenken eines Fahrzeuges betrifft, erheblich mindern, wie insbesondere mangelnde Fokussierung aufs Fahren und Anfälligkeit für Ablenkungen aller Art, Unaufmerksamkeit und Unkonzentriertheit, Fehleinschätzungen und falsche Reaktionen in kritischen und unübersichtlichen Verkehrssituationen und vor allem unzureichende Belastbarkeit bei Stress und dadurch bedingte Zunahme der Fehleranfälligkeit.

Nur weil Psychopharmaka im Gehirn wirken, müssen sie nicht notwendigerweise gleich Reaktionsfähigkeit und Verkehrstüchtigkeit beeinträchtigen. Darüber hinaus gehen ja bei jedem Medikament die unerwünschten Wirkungen mit der Zeit meist deutlich zurück oder geben sich sogar völlig. Das ist natürlich auch bei psychisch wirksamen Mitteln der Fall. Außerdem haben die modernen Psychopharmaka generell immer weniger Nebenwirkungen, was die Hersteller auch regelmäßig stolz vermelden. Und auch andere Medikamente, wie Schmerzmittel, wirken ja im Gehirn, ohne dass die Anwenderin gleich Befürchtungen ob ihrer Verkehrstüchtigkeit bekommen würde (wenn sie ein Aspirin nimmt).

Wenn man mit der regelmäßigen Einnahme eines Antidepressivums oder Neuroleptikums beginnt oder fallweise ein Beruhigungsmittel oder angstlösendes Medikament nimmt und man sich bezüglich einer eventuellen unerwünschten Wirkung des betreffenden Präparats unsicher ist, kann man sich ja durchaus einmal ein paar Tage freinehmen, das Auto in der Garage stehen lassen, sich genau selbst beobachten. Man kann ja eventuelle Beeinträchtigungen durch ein Medikament durchaus sehr gut selbst bei sich erkennen, wie z. B. leichten Schwindel, Unsicherheit beim Gehen, Müdigkeit u. dgl.

Wenn Psychopharmaka so problematisch wären, wie man oft meint, dürften allein in Österreich mehr als 800 000 Menschen nicht mehr Autofahren. Daher noch einmal: Nicht das Psychopharmakon ist das besondere Problem, sondern die Symptome und Auswirkungen der Erkrankung, gegen die man es nimmt. Psychisch Beeinträchtigte mit gut wirkenden Medikamenten sind regelmäßig sicherer unterwegs als viele vermeintlich Gesunde, die nichts nehmen. Und wenn man allen Menschen, die dann und wann oder sogar dauerhaft (stressbedingte) psychische Defizite aufweisen, das Autofahren verbieten würde, wäre in unserer heutigen Leistungsgesellschaft wohl kaum mehr jemand motorisiert auf der Straße zu sehen.

Depression und Wissenschaft

Auch die medizinische und psychologische Fachwelt hat sich natürlich Gedanken darüber gemacht, was psychische Erkrankungen im Einzelnen ausmacht und wie man ihre verschiedenen Erscheinungsformen voneinander abgrenzen kann. Herausgekommen ist dabei das „Diagnostische und Statistische Manual Psychischer Störungen (DSM)", ein – so heißt es – weltweit anerkanntes Klassifikationssystem für psychische Störungen (2022 in fünfter Ausgabe), welches in jedem guten Lehrbuch zur klinischen Psychologie angesprochen wird. Es beschreibt die Haupterscheinungsformen der Depression folgendermaßen

Major Depression (depressive Episode): Liegt vor, wenn mindestens fünf der folgenden Symptome während einer Zwei-Wochen-Periode bestehen, mindestens eines davon entweder depressive Verstimmung oder Verlust an Freude ist:

1. Depressive Verstimmung über die meiste Zeit des Tages,
2. Interesse-, Freudverlust,
3. Gewichtsverlust oder -zunahme,
4. Schlafstörungen,
5. Unruhe oder Verlangsamung,
6. Müdigkeit und Energieverlust,
7. Gefühl von Wertlosigkeit oder Schuldgefühle,
8. Denk-, Konzentrationsstörungen, Entscheidungsschwäche,
9. Suizidgedanken, -versuch.

Dysthymie (chronische Depression): Liegt vor bei depressiver Verstimmung für die meiste Zeit des Tages an der Mehrzahl der Tage über einen mindestens zweijährigen Zeitraum. Dazu bestehen mindestens zwei der folgenden Symptome:

1. Schlechter Appetit oder Überessen,
2. Schlafstörungen,
3. Energieverlust, Erschöpfung,
4. geringes Selbstbewusstsein,
5. Konzentrationsstörungen, Entscheidungsschwäche,
6. Gefühle der Hoffnungslosigkeit.

Die angeführten Symptome sollen laut DSM sowohl bei Major Depression als auch Dysthymie in klinisch bedeutsamer Weise Leiden oder Beeinträchtigungen in sozialen, beruflichen oder anderen wichtigen Funktionsbereichen verursachen.

Dazu das Folgende: Ganz abgesehen davon, dass es immer äußerst unbefriedigend ist, eine Krankheit an ihren Symptomen und nicht an ihrer organischen Ursache festzumachen, vernachlässigen diese Darstellungen völlig das bestimmende Merkmal einer Depression, nämlich die Beschwerden im Gefühlsbereich. Die spürt aber eben nur die Betroffene. Sie sind weder von außen beobachtbar, nicht einmal für die erfahrene Fachfrau, noch, im Gegensatz zu körperlichen Schmerzen, die eine jede kennt, der Unbedarften nachvollziehbar zu vermitteln. Sie sind dabei aber nicht weniger drückend. Es gibt auch viel mehr Suizide auf Grund psychischer Beschwerden als wegen organischer, das sagt schon viel.

Es lässt sich stark vermuten, dass auch die Autor*innen des DSM nie selbst an Depressionen gelitten haben, den damit verbundenen Leidensdruck in keiner Weise beurteilen können. Sie betrachten das Ganze mehr als eine Art – wie sie es verharmlosend formulieren – „psychische Verstimmung" oder einen „Verlust an Freude", als etwas, das auch die psychisch Gesunde gelegentlich verspürt, denn eine schwere Krankheit – wie man eben im Allgemeinen die Depressiven sieht: als eine Art „Traurigkeitskranke". Ich denke, dass nur eine Person, welche selbst die Krankheit in ihrem vollständigen Ausmaß kennengelernt hat, in der Lage ist, sie annähernd zutreffend zu beschreiben.

Dazu haben depressive Störungen eine Vielzahl von Symptomen. Die Auswahl im DSM deckt nur einen sehr geringen Teil davon ab und ist beliebig erweiterbar. Auch können einzelne Symptome, wie speziell Depressionen oder Selbstwertprobleme durchaus auch allein eine depressive Erkrankung kennzeichnen. Wie man hier gerade auf mindestens fünf (Major Depression) bzw. zwei (Dysthymie) kommt, ist für mich nicht nachvollziehbar.

Warum sich die beiden Symptomauflistungen im DSM zum Teil unterscheiden, obwohl organisch identische Erkrankungen mit derselben Verursachung vorliegen, die sich nur hinsichtlich Dauer, Intensität und Ausheilbarkeit unterscheiden, ist auch nicht logisch begründbar. Dazu kann eine Dysthymie bereits vorliegen, wenn die Betroffene noch gar keine auffälligen Depressionssymptome hat und nur ihre Belastbarkeit bei starkem Stress entsprechend vermindert ist bzw. sie eine mehr oder weniger deutliche Beeinträchtigung ihrer Lebensqualität und ihres psychischen Wohlbefindens feststellt. Außerdem verursachen nicht so sehr die aufgezählten Symptome das Leiden, dies tun vor allem die Funktionsstörungen im Gehirn.

Im Großen und Ganzen ist das DSM ein etwas hilflos anmutender Versuch von Wissenschaftler*innen, es den Ärztinnen draußen zu ermöglichen, die Krankheit „Depression" zutreffend zu diagnostizieren, d.h. festzustellen, *ob* eine solche vorliegt bzw. auch *welche Form* von Depression gegeben ist. Es spielt auch – meiner Erfahrung nach – in der Praxis so gut wie keine Rolle. Eine Depressionskranke, die sich wegen einschlägiger Beschwerden in Behandlung begibt, wird auch meist gar nicht lange examiniert und bekommt ohne viel Herumreden ein entsprechendes Medikament bzw. in schweren Fällen ein Bett im Spital. Die behandelnde Ärztin kann auch durchaus davon ausgehen, dass die Patientin selbst am besten weiß, dass sie an Depressionen leidet, ohne sich im Einzelfall die Frage zu beantworten, ob sie eine bestimmte Anzahl der DSM-Kriterien erfüllt. Ob eine depressive Episode, eine chronische Depression oder gar eine bipolare Störung vorliegt, wird dabei leider ebenfalls meist gar nicht festgestellt und der Patientin vermittelt. Man beschränkt sich im Wesentlichen darauf, durch die richtigen Medikamente die akuten Beschwerden der Kranken zu lindern, und wartet im Übrigen ab, bis diese wieder ausreichend stabil ist. Unterstützend wird, speziell für die nicht mehr arbeitsfähigen, oft (richtigerweise) ein entsprechendes Tagesprogramm verordnet, vor allem im Krankenhaus, aber durchaus auch zu Hause. Der Rest wird dann häufig der Psychotherapie überlassen.

Abschließend zum DSM: Gut gemeint, unzureichend gemacht. Der Ansatz wäre schon der richtige, Kriterien für das Vorliegen, aber vor allem die *Unterscheidung* psychischer Störungen bereitzustellen. Dann aber auch ordentlich und vor allem unter weitgehender unmittelbarer Einbeziehung der Betroffenen, der Patientinnen. Die sind, solange man psychische Erkrankungen mangels ausreichender Kenntnisse über das Organ „Gehirn" symptombezogen erfassen muss, regelmäßig die besten Spezialistinnen für ihr Leiden, insbesondere, wenn dieses schon Jahre oder gar Jahrzehnte andauert. Nicht *über* die Leute schreiben, sondern *mit* ihnen. Sonst wird das nichts.

Übersicht Depressionssymptome

Die nachfolgende Auflistung von weiteren typischen Depressionssymptomen ist vor allem für diejenigen gedacht, die bei sich oder nahestehenden Personen eine mehr oder weniger schwere psychische Beeinträchtigung vermuten und die diesbezüglich Gewissheit haben wollen. Es geht hier in erster Linie um einen Gesamteindruck und nicht darum, wie viele Punkte in Summe zutreffen müssen, damit das Ganze bedenklich wird.

- Es kommen immer wieder die gleichen negativen Erinnerungen hoch, wie z. B. ein schmerzhafter Verlust, den man hinnehmen musste, eine schwere Demütigung, die man einmal erfahren hat, eine besonders bittere Niederlage, die man erlitten hat, ein blamables Auftreten, für das man sich heute noch schämt, eine Schuld, die man auf sich geladen hat und die man nicht mehr gut machen kann, ein schlimmes Versagen, wenn es einmal besonders wichtig gewesen wäre, ein irreparabler Schaden, den man einem anderen fahrlässig oder gar schuldhaft zugefügt hat.
- Man leidet an Schlafstörungen. Der Schlaf ist auf psychische Beeinträchtigungen extrem sensibel und Schlafprobleme sind meist das erste Anzeichen für eine beginnende depressive Erkrankung. Speziell, wenn man immer länger braucht, um am Abend einschlafen zu können, man ständig Schwierigkeiten mit dem Durchschlafen hat, ungewöhnlich lange schläft, ohne erholt zu sein, sehr früh aufwacht, sind das schon ernstzunehmende Warnzeichen; ganz abgesehen davon, dass das Ganze als solches schon äußerst unangenehm und belastend ist.
- Man kriegt im Leben keinen Fuß auf die Erde, fällt immer wieder hin, hat Probleme über Probleme.
- Man ist ausgesprochen pessimistisch, was die Zukunft generell und die eigene im Besonderen betrifft. Man sieht den Zustand der Erde (Umweltzerstörung, Klimawandel) und den

der Welt (Krieg, Terror, atomare Bedrohung, Armut, Unterdrückung, Migration) besonders negativ, hat Angst um die nächsten Generationen, insbesondere die eigenen Nachkommen.

- Man ist stimmungsmäßig ständig „irgendwie" beeinträchtigt, niedergeschlagen und bedrückt, was sich nach außen vor allem am Gesichtsausdruck und am Auftreten deutlich zeigt.
- Man fühlt sich oft schlecht, ohne genau definieren zu können, was einem fehlt, schätzt seine Lebensqualität eher niedrig ein; es ist einem oft mehr oder weniger egal, ob man lebt oder auch nicht mehr.
- Man verliert jegliches Interesse an Dingen, die man früher gern gemacht hat.
- Man kann sich auf und an nichts mehr freuen, schon gar nicht an den kleinen Dingen, aber auch nicht mehr an den großen.
- Man ist weitgehend emotionslos, geht nicht aus sich heraus, kann nicht mehr lachen oder einmal ausgelassen sein; man redet nicht mehr viel, besonders in Gesellschaft.
- Man leidet unter Antriebslosigkeit, Energiemangel, bringt nichts weiter.
- Man schiebt Unangenehmes, das erledigt gehört, ständig vor sich her, kann sich einfach nicht dazu aufraffen. Vor allem das Beenden einer Partnerschaft, von der man weiß, dass sie einfach keine Zukunft hat, die bereits eine große emotionale Belastung darstellt, ist oft extrem schwer („lieber ein Ende mit Schrecken als ein Schrecken ohne Ende" wird umgemodelt zu einem Schrecken ohne Ende, weil man das Ende mit Schrecken einfach nicht schafft).
- Man mag sich selbst nicht, möchte gerne anders sein, findet keinen positiven Bezug zu seiner Persönlichkeit, ist mit seinem Körper unzufrieden (besonders mit den geschlechtsspezifischen Merkmalen).
- Man lässt sich gehen, nimmt es mit der Körperpflege nicht so genau.
- Man hat diverse Hemmungen, wie z. B. ein Geschäft oder öffentliches Gebäude zu betreten oder einen Raum, in dem sich viele Leute aufhalten.

- Man stellt das Wohl der anderen regelmäßig über sein eigenes, tut sich ausgesprochen schwer, „nein" zu sagen (wenn die Chefin bei Dienstschluss um ein paar Überstunden anfragt, obwohl man an diesem Tag schon völlig geschafft ist).
- Man ist leicht angerührt, mimosenhaft, verletzlich, sofort beleidigt, legt jedes Wort auf die „Goldwaage", nimmt alles ausgesprochen persönlich, weint beim geringsten, manchmal aber auch ohne Anlass.
- Man ist auch ausgesprochen nachtragend auf Kränkungen, die eine Gesunde nicht einmal als solche wahrnimmt, einfach abschüttelt oder nach zwei Minuten schon wieder vergessen hat. Man glaubt, je länger man der Verursacherin seine Verstimmung darüber zeigt, desto eher wird sie Entsprechendes in Zukunft unterlassen (dabei ist oft genau das Gegenteil der Fall).
- Man ist besonders anfällig dafür, gemobbt, schikaniert oder gedemütigt zu werden bzw. wird häufig Opfer von seelischer und körperlicher Gewalt.
- Man ist oft unleidlich, missmutig, scheinbar grundlos schlechter Laune, ärgerlich, aggressiv, ausfällig, beleidigend, leicht erregbar, gewalttätig, bricht immer wieder Streitigkeiten vom Zaun, ist nicht selten Gast im Gerichtssaal, hat ständig das Bedürfnis, sich an anderen „abzureagieren" (meistens muss der Partner dafür „herhalten"), Dampf abzulassen (um das am nächsten Tag durch besondere Nettigkeit wieder zu kompensieren), ist häufig auch extrem sarkastisch, zieht alles ins Lächerliche, äußert sich gerne abfällig über andere, setzt sie herab, um sich besser zu fühlen (vor allem die Stars in Musikwelt, Film und Fernsehen, diverse Prominente, Politikerinnen und andere bekannte Persönlichkeiten, Honoratioren der eigenen Gemeinde sind oft „Stein des Anstoßes"). Man hat Gewaltfantasien gegenüber Menschen, die einen stören. Manchmal ist auch extreme Ausländerfeindlichkeit ein Anzeichen für eine depressive Störung.
- Man hat Probleme im Job, mit den Arbeitskolleginnen und Vorgesetzten, verliert seinen Job, ist mehr oder weniger

lange arbeitsunfähig, findet bei Arbeitslosigkeit keine neue Beschäftigung oder wechselt ständig den Arbeitsplatz.

- Man ist unverlässlich und unpünktlich, vergisst oder verschiebt regelmäßig seine Termine, hat viele Fehlzeiten am Arbeitsplatz.
- Auch die physische Leistungsfähigkeit und Ausdauer bricht oft dramatisch ein. Während die Gesunde flott und mit Genuss den Berg hinaufmarschiert oder ihr Laufpensum erledigt, ist bei der Kranken schon nach ein paar hundert Metern Quälerei Endstation. Die hat nicht weniger Kraft und Kondition, ihr Gehirn gibt nur die Ressourcen des Körpers einfach nicht frei. Da hilft auch noch so viel Ausdauertraining nicht das Geringste, im Gegenteil. Speziell sehr anstrengende Bewegungsausübung, wie eben Laufen, geht oft gar nicht mehr.
- Man hat (oft gegen seinen Willen) keinen Partner, wartet sein Leben lang auf Mr. oder Mrs. „Right", hat Probleme in der Partnerschaft (es gibt ständig Streit um immer wieder dieselben Dinge, den die Depressive, die sich einfach in ihrer Haut nicht wohlfühlt bzw. die ein entsprechend herausforderndes, oft aggressives Auftreten hat, unbewusst laufend provoziert), man verliert seinen Partner oder hat ständig wechselnde Partnerschaften (manche beklagen dann, dass sie immer wieder an die „Falschen" geraten; dass sie selbst vielleicht die Falschen sind, auf diesen Gedanken kommen sie nicht).
- Oft hat man auch jemanden an seiner Seite, der augenscheinlich weit unter dem eigenen Niveau ist, da man sich einfach keinen Ebenbürtigen mehr zutraut. Man verliebt sich dann auch gar nicht mehr in einen solchen. Es finden vor allem Menschen zusammen, die annähernd dasselbe Selbstwertgefühl haben.
- Man verkauft sich auch im Job häufig unter Wert.
- Auch Gefühle sind in der Depression meist stark übersteigert; insbesondere Zuneigung und Liebe bis zur „Anbetung" (Stalker prominenter Personen sind regelmäßig psychisch beeinträchtigt), Abneigung bis zum tiefen Hass, Eifersucht bis hin zur Krankhaftigkeit, Neid und Missgunst (eine Gesunde

sieht die eigenen Vorzüge, eine Kranke nur die Vorzüge der anderen), Schadenfreude, Mitleid bis zum „Weltschmerz" (mit Menschen in der Dritten Welt, Kriegs-, Verbrechens- oder Katastrophenopfern, gequälten Tieren, der geschundenen Umwelt generell).

- Man ist außerordentlich fanatisch beim Sport, ob als Aktiver oder Anhänger; es geht einem noch am nächsten Tag schlecht, wenn die eigene Fußballmannschaft verliert.

- Man beobachtet sich häufig ungewollt selbst, seinen Herzschlag, die Atmung, sogar die Bewegung der Augenlider, alles, was sich an einem bewegt oder stetig verändert; man nimmt auch immer wieder bewusst seine aktuellen Gedanken und seine momentane Befindlichkeit wahr.

- Man ist überreizt, sieht und hört alles (laute Musik in der Nachbarwohnung, spielende Kinder im Garten), Dinge, welche die Gesunde nicht einmal wahrnimmt.

- Man empfindet beim Nichtstun häufig ein Gefühl der Langeweile, braucht ständig einen „Kick". Man kann nicht mehr über mehrere Tage nur relaxen, hat schon Schwierigkeiten, das Wochenende zu überstehen. Man nimmt sich sogar in den Urlaub den Laptop mit, hat in der Pension mehr zu tun als in seiner aktiven Zeit.

- Auch das vegetative Nervensystem und die Körperabwehr sind beeinträchtigt: Die Verdauung ist ständig gestört, man schwitzt leicht, ist stark kälteempfindlich, hat Herzrhythmusstörungen, nächtliche Schweißattacken, einen erhöhten Puls und Blutdruck; man ist anfällig für Entzündungen aller Art, leidet unter unreiner Haut, Pilzerkrankungen treten häufig auf, man hat jedes halbe Jahr eine Erkältung.

- Man nimmt ungewollt stark zu, hat ein übersteigertes Hungergefühl, speziell auf Süßes, oft richtige Heißhungerattacken, vor allem nach starken Stresseinwirkungen; das kranke Gehirn scheint besonders viele Fettreserven am Körper ansammeln zu wollen.

- Man ist stark untergewichtig, möchte gerne zunehmen, schafft es allerdings einfach nicht.

- Die Handschrift wird immer unleserlicher; die psychische Labilität spiegelt sich hier eins zu eins wider.
- Besonders deutlich in Richtung Depression weist auch, wenn man nach ausgiebigem Alkoholkonsum ein völlig anderer Mensch als in nüchternem Zustand wird; je größer dieser Unterschied ausfällt, desto schwerer ist die psychische Beeinträchtigung.
- Man wird extrem in seinen Verhaltensweisen, fährt jeden Tag, bei jedem Wetter 15 km mit dem Rad in die Arbeit, obwohl es auch eine Busverbindung gibt.
- Man gibt häufig seinen Eltern die Schuld an Dingen, die in seinem Leben schiefgelaufen sind.

DER AUTOR

Reinhard Diesenreither wurde 1964 in Linz geboren und wuchs in einer großen Familie in Wilhering auf. Er absolvierte ein Studium der Sozial- und Wirtschaftswissenschaften in der Studienrichtung Betriebswirtschaftslehre in Linz.

Bereits ab einem Alter von dreizehn Jahren hatte Reinhard Diesenreither erste Burnout-Beschwerden, mit Anfang dreißig ging schließlich gar nichts mehr.

In der Folgezeit lebte er nur noch dafür, seine Depressions- und Angsterkrankung auszuheilen. Er probierte viel, las einschlägige Literatur, versuchte verschiedene Medikamente, konsultierte Ärztinnen und Psychotherapeutinnen, hatte auch einige Krankenhausaufenthalte, arbeitete fünf Jahre in verschiedenen Einrichtungen bei Pro Mente und hatte letztendlich Erfolg.

Heute gibt Reinhard Diesenreither seine Erfahrungen in Buchform weiter und ist zuversichtlich, seinen Leserinnen und Lesern so erfolgreich helfen zu können, wie er sich selbst geholfen hat.

DER VERLAG

VINDOBONA
VERLAG SEIT 1946

ein Verlag mit Geschichte

Bereits seit 1946 steht der Vindobona Verlag im Dienst seiner Bücher und Autoren. Ursprünglich im Bereich periodisch erscheinender Journale tätig, präsentiert sich der Verlag heute als kompetenter Partner für Neuautoren am deutschen, österreichischen und schweizerischen Buchmarkt. Engagement, Verlässlichkeit und Sachverstand – das sind die Grundpfeiler, auf denen der Verlag seit jeher sicher steht.

Sie möchten mit Ihrem Werk das vielseitige Verlagsprogramm bereichern? Der Vindobona Verlag garantiert Ihnen eine professionelle Prüfung Ihres Manuskriptes durch das Lektorat sowie eine zeitnahe Rückmeldung.

Genauere Informationen zum Verlag
finden Sie im Internet unter:

www.vindobonaverlag.com